共生への学び

内山　隆 著
Uchiyama Takashi

北樹出版

目　次

序　章 ……………………………………………………………………… 9
1　「共生」というテーマへの接近 ……………………………………… 9
2　「相互啓発的学習観」の視点から …………………………………… 12
3　「公民的資質」の検討から …………………………………………… 13
4　「公共性」の視点から ………………………………………………… 19

第1章　興味の重なりと学級のテーマの追究
　　　　　──2年生「みんなで家づくり」── ……………………… 23
1　「みんなで家づくりがしたい」という願いの共有と活動の見通し …… 23
2　協働のプロジェクトを形にしていく ………………………………… 26
3　自分のしたいことで「みんなの家」に貢献する …………………… 30
4　「みんなの家」への強い思い ………………………………………… 36
5　「みんなの家」をより多くの人たちと ……………………………… 38

第2章　「人とともにいること」を経験する
　　　　　──2年生「秋のわくわく商店街」── …………………… 39
1　活動を通して「他者」と出会う ……………………………………… 39
　（1）異質な「他者」との出会い　(39)
　（2）「朝の会」での提案をめぐって　(40)
2　「秋のわくわく商店街」について …………………………………… 42
　（1）活動のねらい　(42)
　（2）活動を通して子どもが経験すること　(44)
3　「人とともに」活動をつくる ………………………………………… 46
　（1）リアリティの追究　(46)
　（2）秀司と友祐のお店　(47)
　（3）問題場面の発生　(50)

（4）秀司と友祐の問題場面の解決　(51)
　4　本物らしさの追究へ ……………………………………………………… 54
　　　（1）みんなで話し合って見通しをもつ　(54)
　　　（2）商店街への調査探検　(56)
　　　（3）観察したことを実践する　(58)

第3章　個のよさが生きる学級・授業と「この子の物語」
　　　——3年生「エーダン商店街に行こう」—— …………………… 63
　1　個のよさが生きる ……………………………………………………… 63
　2　子どものこだわりや疑問が生きる展開計画づくり ………………… 64
　3　「この子」が生きる授業——浩と暁夫のとうふ屋調べ物語—— ……… 67
　　　（1）浩が生きる展開計画の修正　(67)
　　　（2）動き出した浩と支援する仲間、教師　(67)
　　　（3）友だちとの学び合いをばねに追究する暁夫　(70)
　4　「この子の物語」を綴り続ける ……………………………………… 74

第4章　地域に働きかけて問題解決を図る
　　　——3年生「どうする？ゴミ」—— ………………………………… 75
　1　共生社会の構築に参画する力を育てる ……………………………… 75
　2　地域に働きかける話し合い …………………………………………… 78
　3　一人一人の子どもが追究過程に位置づく授業 ……………………… 86

第5章　地域の人たちと協働する
　　　——4年生「グループ活動」—— …………………………………… 87
　1　協働的な学級文化の創造 ……………………………………………… 87
　2　地域の探検・追究から生まれた活動 ………………………………… 88
　3　活動における子どもの主体性の尊重 ………………………………… 89
　4　表現と実践における子どもの意識 …………………………………… 90
　5　地域の人たちとの協働へ活動をひらく ……………………………… 94

第6章　生産者の思いにふれ、食と生活のあり方を問い直す
　　　　――5年生「日本の食料生産」―― ……………………………… 97

1　仲間の発言から生まれた問題意識 ……………………………………… 97
2　仲間の見方・考え方を共有した追究 …………………………………… 99
　（1）農薬を効果と害の両面からとらえる　(99)
　（2）「農薬は体に害」という事実を追究する　(100)
　（3）「農家の人に聞かなくては」　(102)
3　生産者に聞いて調べる …………………………………………………… 104
　（1）授業と授業の間に動く　(104)
　（2）無農薬野菜農家の大平さんとの出会い　(106)
4　日本の食料生産の、何を、どう問い続ければよいか ………………… 108

第7章　社会問題を通して自己と学級のあり方を見つめる
　　　　――5・6年生「水俣とわたしたち」―― ………………………… 111

1　「水俣とわたしたち」を学ぶ意味 ……………………………………… 111
　（1）学級のめあてから　(111)
　（2）「水俣・東京展」での坂本しのぶさんとの出会いから　(111)
　（3）社会科での追究から　(112)
　（4）「明治の日本と田中正造」の学びから　(113)
　（5）「6の3　水俣展」に向けて　(113)
　（6）現実に抱える問題を乗り越える力になるか　(114)
2　「水俣とわたしたち」の教科横断的な展開 …………………………… 114
　（1）目標　(115)
　（2）展開計画　(115)
3　一郎の出を支える教師、響き合う仲間 ………………………………… 118

第8章　学級という社会のあり方を構想する
　　　　――6年生「学級憲法づくり」―― ………………………………… 125

1　知識を獲得することと生きること ……………………………………… 125
2　日本国憲法を手本に ……………………………………………………… 126

3　6年1組学級憲法 …………………………………………………… 127
　4　学校で本当にすべきこと ………………………………………… 134

第9章　内なる国際化から自らのあり方を問う
　　　　——6年生「外国の人が日本で生活する時に困ること」—— …………… 137

　1　「内なる国際化」問題の教材化 ………………………………… 137
　　（1）国際化にかかわる教育の動向　(137)
　　（2）「内なる国際化」の問題の教材化　(138)
　　（3）この問題についての子どもの実態　(139)
　2　単元化の意図と学習展開計画 …………………………………… 141
　　（1）単元化の意図　(141)
　　（2）学習展開計画　(143)
　3　多文化共生をめざす授業 ………………………………………… 145
　　（1）「外国の人が日本で生活するときに困ること」は何だろう　(145)
　　（2）外国から来た人は、本当はどんなことで困ったのだろう　(147)
　　（3）今ぼくたちができること、
　　　　　これから私たちができることは何だろう　(150)
　　（4）外国から来て困っている人のための場はないだろうか　(151)
　　（5）〈発展〉学芸大学にきている留学生と交流しよう　(154)

おわりに ……………………………………………………………………… 157

共生への学び

序章

1 「共生」というテーマへの接近

　本書のタイトルである『共生への学び』は、私が小学校の現場で積み重ねてきた社会科及び教科横断的学習・総合学習を中心とする教育実践をつらぬくテーマである。

　戦後70年が経過し、民主主義や資本主義の発展に疑問符が付き、歴史の危機が論じられるようになった。社会は様々な対立や紛争、災害といったリスクに曝されている。熟慮や熟議による合意形成、批判的、哲学的な思考の経験の場は益々少なくなり、日常生活は感覚的、感情的な短い言葉のやりとりが溢れている。自分と異なる主張は匿名で攻撃することもしばしばある。こうした世界や社会のあり方に、危機感を持つ者は少なくないであろう。

　教育の意義は、授業で、学級で、学校で子どもたちと教師がともに生活と学びをつくる中で、子どもたち一人一人がかけがえのない個性と興味・関心、見方や考え方をもち、それを仲間とかかわりながら十分に発揮することで成長と自信につなげてくこと、学級や学校を互いのよさや個性を尊重し合える民主的な経験の場（＝社会）として構築していくことであると考える。これを筆者は「共生」を志向する授業、教育実践としてとらえている。

　「共生」については1980年代以来、日本において様々な論点が提示されている。1997年に日本学術会議が「アジア・太平洋地域における平和と共生特別委員会（委員長　山口定）」の報告書で整理している。それによれば、「共生」には２つの語源的ルーツと８つの社会的ルーツがある。

　語源的ルーツの１つ目は、辞典類での説明に多い欧米の生物学 symbiosis の訳語とされるものである。大型魚とコバンザメのように、「２種の生物がたがいに利益を得ながらともに生活すること」とされている。

2つ目は、言葉の語源を仏教、とりわけわが国の浄土宗、中でも大正時代の「共生（ともいき）仏教会」に求めるものである。

　社会的ルーツは、「共生」概念がどのような社会状況を背景に、どのようなコンテキストで用いられているかということで、以下の8つが上げられている。

① 市民運動の新しい展開を支える理念としての小田実らによる早くからの提唱（小田実『共生への原理』1978）
② 1981年の国際障害者年を契機として福祉社会論或いは「ノーマライゼーション」の論議から広がった「障害者との共生」、「高齢者との共生」論
③ 日本建築などに体現されている「自然との共生」に日本文化の神髄を見る日本文化論（黒川紀章『共生の思想』1987）
④ 国際化の時代、地域の時代に対応しようとする経済界からの発想
　　a）貿易摩擦対策からの発想（経団連の1992年度の活動方針「海外諸国との共生関係の推進と経済摩擦の緩和」）
　　b）「市場原理の問い直し」「市場原理の限界の認識とそれへの対処」の必要性からの発想（総合研究開発機構『企業の国際的共生に関する研究』1994）
　　c）市民社会との共生、あるいは地域社会との「共生」をめざす新しい企業理念（フィランソロピー、文化貢献（メセナ）、心身障害者雇用、ボランティア容認、環境問題への取り組みなどとともに強調される「共生企業」論、「企業市民」論『月刊　Keidanren』特集：財界人の共生論、1995）
　　d）日本型世界企業の理念としての「共生」（キヤノン会長賀来龍三郎による企業発展の4段階論＝「資本主義企業」→「運命共同体企業」→「ステークホルダー企業」→「世界共生企業」）
⑤ エコロジーからの発想　―「自然と人間の共生」論（「自然の克服」をめざした西欧近代の科学主義に対する批判を伴うことが多い）
⑥ フェミニズムからの発想　―「男女共生社会」論（欧米、とりわけアメ

リカのフェミニズムを批判し、「共生」思想と日本のフェミニズムの特徴とすることが多い）
⑦　国際化の時代における他国籍者との「異文化間共生」論　—具体的には外国人（労働者）との共生を説き、定住外国人の地方参政権を主張する（徐龍達『共生社会への地方参政権』日本評論社、1995）
⑧　同一国籍者間における「多文化主義」　—カナダ、オーストラリア、マレーシアの事例からの思想的波及（チャールズ・テイラー、ユルゲン・ハーバーマス他『マルチカルチュラリズム』岩波書店、1996）

こうした多様なルーツをふまえて、日本学術会議「アジア・太平洋地域における平和と共生特別委員会」は、「共生」理念の位置づけ並びに定義を次の4点にまとめている（抜粋）。

①　「共生」概念は単なる欧米の言葉の訳語ではなく、欧米の生物学とわが国の仏教という二つの語源的ルーツと様々な社会的ルーツをもった現代日本語である。
②　現在わが国で受け入れられてきている「共生」（共に生きる）という理念は、symbiosis が意味する2者間の（bilateral）閉鎖的関係を指すのではなく、むしろ多者間の（multilateral）開かれた関係を意味する。近年の生態学における「生物共生圏（symbiosphere）」の概念の方が、日本語としての「共生」に近いと言える。
③　「共生」は、欧米の政治思想史のキーワードである「寛容」（tolerance）とも異なる。「寛容」が自己と異質なものとの共存をいわば消極的に承認するのに対して、「共生」は、自己と異なるものの存在を、自己自身にとっても新たな発展の糧となり得るものとして位置づけるという意味で、積極的共存の哲学である。「共生」をこのような意味づけでアジアや日本から発信しようとする試みは、ユネスコ・レベルでも見られはじめている。この方向で考える場合、「共生」の英語訳は living together が最もふさわ

しい。
④　積極的共存の哲学としての「共生」は、現代社会において失われつつある人間同士の生き生きとした交流関係（conviviality）の復活をめざすものである。この意味で「競争」と「共生」の関係の在り方を教育哲学並びに社会哲学的に深めることが、今後の重要な課題である。

　整理されたものを改めて自らの授業や教育実践に位置づけてとらえ直してみると、市民的な共生、エコロジカルな共生、異文化間共生といったルーツに近い。さらに、「共生」（共に生きる）という理念や、多者間の開かれた関係としての「生物共生圏」、人間同士の生き生きとした交流関係の理念にも接近する。
　では、このようなテーマ性や問題意識はどのようにして自覚されるようになったのか。

2　「相互啓発的学習観」の視点から

　私が19年間勤務していた東京学芸大学附属世田谷小学校では、「よい授業」を追究する中で、一斉授業を子どもたちが「集団として学ぶ場」として見直し、学習を通して「〜ができる」「〜がわかる」という個の自己実現・高まりと同時に、「学習を通して、互いを好きになる」という人間としての本性にかかわる側面にも学校の本質を見出した。この後者を「相互啓発」としてとらえたのである。それは、学びにおける子どもたちの以下のような姿である（鈴木完治・研究部「相互啓発的学習観と授業」東京学芸大学附属世田谷小学校『今、なぜ一斉学習なのか―相互啓発をめざした「よい授業」の追究―』東洋館出版社、1987、pp.13-22）。
①　Aの発言が、Bにとって大きな価値がある。
②　Bの変容が、Aにとって大きな価値となる。
③　この「相互啓発」が、Cにとって大きな価値になる。

このような学び合いを、授業における相互作用の活性化によって生み出す授業づくりをしてきた。そして、子どもが学習に対して次のような見方、考え方をもつ授業の実現に向けて授業研究を積み重ねた。
　「今の自分は、仲間とのかかわり合いの中でこそ、成長発展していくことができるのだ」という学習のとらえ方を「相互啓発的学習観」と言う。
　このように、「一人一人の子どもの自己実現の場としての学校」「子どもたちが、集団として学び高まる場としての学校」を「学校教育の人間化」としてとらえたのである。このことは、学校を子どもたちにとって共に生きる場所、空間として意味づけたものと言える。
　この後、「子どもと共につくる学校」としての学校論、教育課程づくりに取り組んでいく。そこでは、相互啓発をめざした授業を通して、「個のよさが生きる」ことを実現しようとした。これは、「子どもの主体的な問題解決過程が保障されたなかで、子ども自らが充実感や効力感（自己意識）をもったり、共に学ぶ仲間に共感すること（他者意識）ができる経験の拡充（広がり充ちること）」ということである。
　ここでベーシックにしたのが、「自律性」（＝自らの責任を自覚しながら自由を求めること）と「共存性」（＝自分の個性を大切にして平等に生きようとすること）であり、両者の育成を通して子ども一人一人の自立をめざしたのである（小林宏己「個のよさが生きる学校カリキュラムの創造」東京学芸大学教育学部附属世田谷小学校『個のよさが生きる学校』東洋館出版社、1996、pp.58-64）。
　「共生への学び」は、以上のよい授業の追究と「相互啓発的学習観」の育成、「自立性」と「共存性」の育成をベースにした「子どもとともにつくる学校」の理念の実現に向けた取り組みから、内発的にわき上がってきたものである。

3　「公民的資質」の検討から
　社会科の教科目標は、「公民的資質」（市民的資質）とされている。

「共生」というテーマに接近していく授業、教育実践を行う中で、子ども同士の人間関係はもちろん、社会のあり方や人間関係のあり方を問い直すようになっていく。このことを、社会科でめざす「公民的資質」と関連づけたのが次ページの図である。
　これまでの自らの低学年総合学習及び社会科の実践における学びの経験とそこで見られた子どもの姿から、公民的資質と相互啓発的な生き方につながる要素を抽出したものである。
　低学年期は、「個の充実と仲間との協働」がテーマである。
　1年生は、子ども一人一人が自分のしたいことに浸る中で、ものやことへの興味が重なる他者として仲間を発見し「共に○○する」ことの楽しさや充実感、喜びを実感的にとらえる。佳奈の作文からは、仲間一人一人が持ち味を発揮している姿から「みんながいろいろなところで1とうしょうでした」と考えていることが分かる。一人一人が異なるよさをもっていると感じる力は、自分のしたいことを思う存分する中で培われていくのである。
　2年生は、学級のみんなで実現したいテーマを共有し、仲間と協働でつくり上げる楽しさを味わう。学級のみんなが入れる家づくりをする中で、食器づくりグループで箸をつくっていた裕子は、友だちを「手つだってあげようかなと思ったけれど、自分でやるからちゃんとした」箸ができると考えて手伝うのをやめている。ここには、2年生なりの価値認識と仲間と共にいるあり方が表現されている。
　中学年期は、「地域にひらかれた実践的な問題解決」がテーマである。
　3年生は、身近な生活の中から問題をとらえ、それをみんなで解決していこうとする。問題解決の場が地域にひらかれ、そこで人とかかわりながらよりよい解決法を考え、実践するのである。子どもたちは、東京湾にあるゴミの埋立処分場を見学し、東京のゴミを減らす方法を考える。スーパーのレジ袋をもらう人を減らす方法について、お客さんやお店の人へのインタビューをもとに考え、ビラの配布やポスターの掲示という方法を実践して、効果を確認した。雄治は「……（レジ袋を）ゴミ袋に必要だとか、とてもほしがる人もいる。その

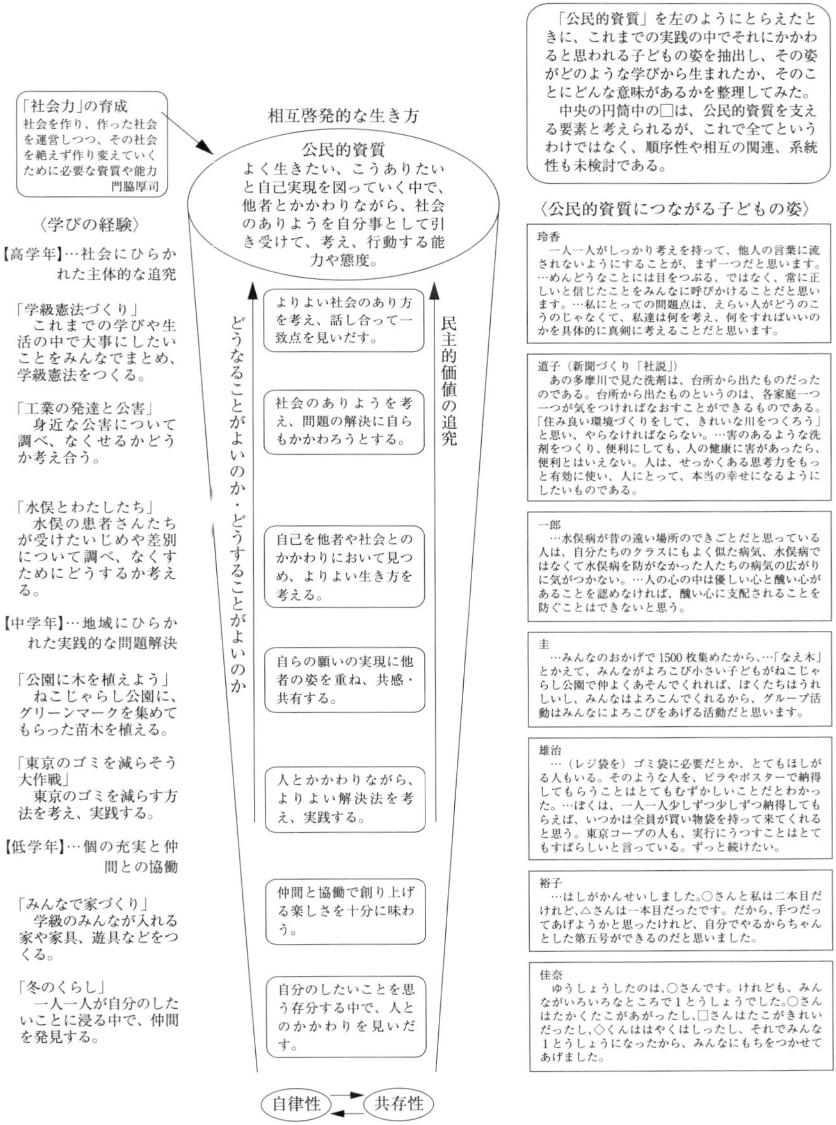

「社会力」の育成
社会を作り、作った社会を運営しつつ、その社会を絶えず作り変えていくために必要な資質や能力
門脇厚司

相互啓発的な生き方
公民的資質
よく生きたい、こうありたいと自己実現を図っていく中で、他者とかかわりながら、社会のありようを自分事として引き受けて、考え、行動する能力や態度。

〈学びの経験〉
【高学年】…社会にひらかれた主体的な追究

「学級憲法づくり」
これまでの学びや生活の中で大事にしたいことをみんなでまとめ、学級憲法をつくる。

「工業の発達と公害」
身近な公害について調べ、なくせるかどうか考え合う。

「水俣とわたしたち」
水俣の患者さんたちが受けたいじめや差別について調べ、なくすためにどうするか考える。

【中学年】…地域にひらかれた実践的な問題解決

「公園に木を植えよう」
ねこじゃらし公園に、グリーンマークを集めてもらった苗木を植える。

「東京のゴミを減らそう大作戦」
東京のゴミを減らす方法を考え、実践する。

【低学年】…個の充実と仲間との協働

「みんなで家づくり」
学級のみんなが入れる家や家具、遊具などをつくる。

「冬のくらし」
一人一人が自分のしたいことに浸る中で、仲間を発見する。

どうなることがよいのか・どうすることがよいのか

民主的価値の追究

よりよい社会のあり方を考え、話し合って一致点を見いだす。

社会のありようを考え、問題の解決に自らもかかわろうとする。

自己を他者や社会とのかかわりにおいて見つめ、よりよい生き方を考える。

自らの願いの実現に他者の姿を重ね、共感・共有する。

人とかかわりながら、よりよい解決法を考え、実践する。

仲間と協働で創り上げる楽しさを十分に味わう。

自分のしたいことを思う存分する中で、人とのかかわりを見いだす。

自律性 ⇔ 共存性

「公民的資質」を左のようにとらえたときに、これまでの実践の中でそれにかかわると思われる子どもの姿を抽出し、その姿がどのような学びから生まれたか、そのことにどんな意味があるかを整理してみた。
中央の円筒中の□は、公民的資質を支える要素と考えられるが、これで全てというわけではなく、順序性や相互の関連、系統性も未検討である。

〈公民的資質につながる子どもの姿〉

玲香
一人一人がしっかり考えを持って、他人の言葉に流されないようにすることが、まず一つだと思います。…めんどうなことには目をつぶる、ではなく、常に正しいと信じたことをみんなに呼びかけることだと思います。…私にとっての問題点は、えらい人がどうのこうのじゃなくて、私達は何を考え、何をすればいいのかを具体的に真剣に考えることだと思います。

道子（新聞づくり「社説」）
あの多摩川で見た洗剤は、台所から出たものだったのである。台所から出たものというのは、各家庭一つ一つが気をつければなおすことができるものである。「住み良い環境づくりをして、きれいな川をつくろう」と思い、やらなければならない。…ちあるような洗剤をつくり、便利にしても、人の健康に害があったら、便利とはいえない。人は、せっかくある思考力をもっと有効に使い、人にとって、本当の幸せになるようにしたいものである。

一郎
…水俣病が昔の遠い場所のできごとだと思っている人は、今の自分たちのクラスにもよく似た病気、水俣病でなくても水俣病を防がなかった人たちの病気の広がりに気がつかない。…人の心の中は優しい心と醜い心があることを認めなければ、醜い心に支配されることを防ぐことはできないと思う。

圭
…みんなのおかげで1500枚集めたから、…「なえ木」とかえて、みんながよろこび小さい子どもがねこじゃらし公園で仲よくあそんでくれれば、ぼくたちはうれしいし、みんなはよろこんでくれるから、グループ活動はみんなによろこびをあげる活動だと思います。

雄治
…（レジ袋を）ゴミ袋に必要だとか、とてもほしがる人もいる。そのような人を、ビラやポスターで納得してもらうことはとてもむずかしいことだとわかった。…ぼくは、一人一人少しずつ少しずつ納得してもらえば、いつかは全員が買い物袋を持って来てくれると思う。東京コープの人も、実行にうつすことはとてもすばらしいと言っている。ずっと続けたい。

裕't
…はしがかんせいしました。○さんと私は二本目だけど、△さんは一本目だったで。だから、手つだってあげようかと思ったけれど、自分でやるからちゃんとした第五号ができるのだと思いました。

佳奈
ゆうしょうしたのは、○さんです。けれども、みんながいろいろなところで1とうしょうでした。○さんはたかくたこがあがったし、□さんはたこがきれいだったし、◇くんははやくしったし、それでみんな1とうしょうになったから、みんなにもちをつかせてあげました。

図 0-1　わたしが考える公民的資質（筆者作成）

ような人を、ビラやポスターで納得してもらうことはとてもむずかしいことだとわかった。……ぼくは、一人一人少しずつ少しずつ納得してもらえば、いつかは全員が買い物袋をもって来てくれると思う。東京コープの人も、実行にうつすことはとてもすばらしいと言っている。ずっと続けたい」とノートに記し、実践の難しさと共に自分たちの活動に共鳴し、励ましてくれる人の存在から力を得て意欲を高めている。

　4年生は、社会科からの学びを総合的に展開し、地域にかかわる中から生まれた願いと地域の人たちの願いを重ね合わせ、共感・共有しながら実現に向けて実践していく。社会科の探検で出会った地域のねこじゃらし公園で、公園の維持管理をする地域の人たちの活動に参加することで、子どもたちは公園のバースデイに桜の苗木を植えたいという願いをもつ。その実現に向けて、全校に呼びかけて学習ノートについているグリーンマークを集め、苗木と交換してもらうのである。圭は、「……みんなのおかげで1,500枚集めたから、……『なえ木』とかえて、みんながよろこび小さい子どもがねこじゃらし公園で仲良くあそんでくれれば、ぼくたちはうれしいし、みんなはよろこんでくれるから、グループ活動はみんなによろこびをあげる活動だと思います」とノートに記している。圭は、自分たちの願いの実現が、みんなの喜びにつながると実感している。地域の一員として自分が貢献できていると感じているのである。

　高学年は、「社会にひらかれた主体的な追究」がテーマである。

　5年生は、公害の問題を追究する中で、胎児性水俣病の患者さんと出会い、患者さんたちが受けたいじめや差別について調べ、なくすためにどうするか考え合う。そして、自己を他者や社会のとのかかわりにおいて見つめ、よりよい生き方を考えるのである。一郎は、「……水俣病が昔の遠い場所のできごとだと思っている人は、自分たちのクラスにもよく似た病気、水俣病ではなくて水俣病を防がなかった人たちの病気の広がりに気づかない。……人の心の中は優しい心と醜い心があることを認めなければ、醜い心に支配されることを防ぐことはできないと思う」とノートに記し、患者さんたちを苦しめた側の心のあり方について、自分たちの学級の人間関係と重ねてとらえ問題提起している。

また、身近な公害について調べ、なくせるかどうかを考え合った。道子は、「あの多摩川で見た洗剤は、台所から出たものだったのである。台所から出たものというのは、各家庭一つ一つが気をつければなおすことができるものである。『住み良い環境づくりをして、きれいな川をつくろう』と思い、やらなければならない。……害のあるような洗剤をつくり、便利にしても、人の健康に害があったら、便利とはいえない。人はせっかくある思考力をもっと有効に使い、人にとって、本当の幸せになるようにしたいものである」と単元のまとめで作成した新聞の社説に記している。道子は、便利さとは、本当の幸せとはと問い続けながら、住み良い環境づくりのためにできることをしようとしている。

　6年生は、日本の歴史と政治について仲間と学び合ってきて、これまでの学びや生活の中で大事にしたいことをみんなでまとめ、学級憲法をつくった。よりよい社会のあり方を考え、話し合いを通して合意形成を図り、憲法の条文として確定していったのである。玲香は、「一人一人がしっかり考えを持って、他人の言葉に流されないようにすることが、まず一つだと思います。……めんどうなことには目をつぶる、ではなく、常に正しいと信じたことをみんなに呼びかけることだと思います。……私にとっての問題点は、えらい人がどうのこうのじゃなくて、私達は何を考え、何をすればいいのかを具体的に真剣に考えることだと思います」とノートに記し、よりよい社会づくりに向けた参画の姿勢を自問自答している。

　こうした「どうなることがよいのか・どうすることがよいのか」(「どうなることがよいのか」は、次山信男『社会科をめぐる子どもたち』帝国書院、1979、pp.41-42）という民主的価値を追究する学びを通して、相互啓発的な生き方の育成をめざし、公民的資質を次ページのようにとらえた。その際に、門脇厚司の「社会力」（社会を作り、作った社会を運営しつつ、その社会を絶えず作り変えていくために必要な資質や能力）（門脇厚司『子どもの社会力』岩波新書、1999、p.61）も参照した。

「よく生きたい、こうありたいと自己実現を図っていく中で、他者とかかわりながら、社会のありようを自分事として引き受けて、考え、行動する能力や態度」

　日本社会科教育学会が2000年に学会員に対して行ったアンケート調査によれば、社会科の教科目標である「公民的資質の基礎を養う」を継承すべきだという回答が84％あるものの、「この目標が一般に達成されていると思う」は0％、「まあそう思う」は30％弱となっている。

　先に述べた私の「公民的資質」についての考えは、2001年に東京学芸大学大学院の三浦軍三ゼミで「私が考える公民的資質」について十数名の院生が各自の考える公民的資質を提案、検討し合ったものである。この学びの経験を通して実感したのは、自らの教科観、教育観について理論と実践と子どもの姿を重ねて検討することの大切さであった。

　かつては全国各地に社会科のサークルがあり、地域に根ざした社会科理論が検討され実践されていた。筆者にとっても、教育実習の指導教官である小林宏己先生が主催していた社会科サークルに大学3年生から参加していたことが、その後の教員生活に大きな影響があった。

　先のアンケート結果は、現場の教師たちが日常の実践の中で「何を」「どのように」教えるかに忙殺され、「何のために」についてじっくり考えたり議論したりする機会がないことの証左かもしれない。

　中央教育審議会の教育課程企画特別部会の「論点整理」（2015）では、学習指導要領の次期改訂に向けた課題として、問題の解決の過程で、「対話を通じて他者の考え方を吟味し取り込み、自分の考え方の適用範囲を広げることを通じて、人間性を豊かなものへと育む」ことが極めて重要であるとしている。

　それぞれが教育における「不易と流行」を見極めながら、同僚や研究仲間との議論を通して自らの教育実践の軸を構築していくことを大切にしたい。

4 「公共性」の視点から

　子どもたちの学ぶ姿から「共生」への接近をとらえ、「公民的資質」を前述のようにとらえた時、子どもたちが生きる社会をどのように構想すればよいか。「積極的共存」や「人間同士の生き生きした交流関係」、「相互啓発的な生き方」を育む空間、それを「公共性」の議論からハンナ・アレントの「出現の空間」（アピアランス）に見出した。この空間は「人びとが言論と活動の様式をもって共生しているところでは必ず生まれる」（ハンナ・アレント／志水速雄訳『人間の条件』ちくま学芸文庫、1994、p.321）。そこに集まる人々は「その中で、それぞれ異なった場所を占めて」いて、「二つの物体が同じ場所を占めることができないように、ひとりの人の場所が他の人の場所と一致することはない。他人によって、見られ、聞かれるということが重要であるというのは、すべての人が、みなこのようにそれぞれに異なった立場から見聞きしているから」（同上、pp.85-86）である。つまり、「出現の空間」では、誰もがかけがえのない交換不能で共約不可能な存在として現れるのである。この「多数性が人間活動の条件」（同上、p.21）であるとアレントは言う。ここから、「共生空間」は、一人一人の子どもがかけがえのない存在として現れる「出現の空間」であると言える。

　「公共性」の視点からもう一つ取り上げておきたいのは、ユルゲン・ハーバーマスの「市民的公共圏」の考え方である。ハーバーマスは、「民主主義の概念は公共的コミュニケーションのなかで討議をつうじて価値や規範を形成する過程に関連付けられる」として、「さまざまな団体によって組織される意見形成が責任ある決定につながれば、それは協力し合って真理を探究するという目標を達成できる。ただし、それが可能であるのは、こうした意見形成のなかに、それを取り囲んでいる政治的コミュニケーションのなかで自由に漂っているさまざまな価値、主題、論稿、論拠が入り込めるものであり続ける場合に限られる」と述べている（ユルゲン・ハーバーマス／細谷貞夫・山田正行訳『第2版 公共性の構造転換』未來社、pp.xxxiv-xxxv）。

　影山清四郎は、「私たちの課題は、外から公を持ち込むことではなく、個の中にいかに公の芽生えを育成させるかにある」（影山清四郎「共生社会を担う社

会科―内なる他者との対話の持続―」日本学術会議教育学研究連絡委員会編集『新しい「学びの様式」と教科の役割』東洋館出版社、2002、p.39）と述べている。「個の中に」「公の芽生えを育成」するには、ハーバーマスの考えによれば「公共的コミュニケーションのなかで討議をつうじて価値や規範を形成する」ことを通してとなるだろう。

　花田達朗は、このようなコミュニケーションが行われる空間を公共圏という社会的空間として実体化し、「そのような場所から日本においても具体的に市民社会の共生のイメージと潜在力を育むことが可能」（花田達朗「公共圏と市民社会の構図」『公共圏という名の社会空間―公共圏・メディア・市民社会―』木鐸社、1996、p.189）であると述べている。そこで、花田の言うシステム（国家・経済社会）と生活世界（私的領域・市民社会）の二元構造に即して、多元的な市民的

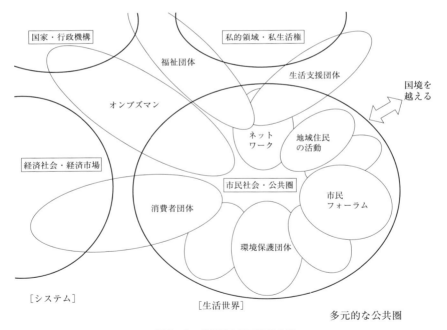

図0-2　多元的な市民的公共圏

（出典：内山隆「公共圏概念の導入による社会科の改善」日本社会教育学会『社会科教育研究』№92、2004、p.41）

公共圏を描くと、前ページの図0-2のようになる。

　こうした議論をふまえて、私は「個の中に」「公の芽生えを育成」する学びを、こうした公共圏に参画・実践する市民を育てることととらえた。それを実現するために、以下のような市民による自律的な活動を学習内容として構想することにした。

①地域の人たちの自律的な活動

　例えば、若狭藏之助の「生協のおばさんたち」「公園をつくらせたせっちゃんのおばさんたち」のような地域の人たちを取り上げた実践がある（若狭藏之助『問いかけ学ぶ子どもたち』あゆみ出版、1984、pp.81-135）。

②市民によるボランタリーな活動

　例えば、NGOやNPOなどのボランタリー・アソシエーションによる活動を取り上げる。国際ボランティアのみならず、国内にも様々なボランティア団体が多様な活動をしている。

③公共圏の辺境に置かれた人々と共通する問題意識

　花田は、「市民社会の概念の中心にあるのは、『人権』という思想」であると言っているが、公共圏の辺境に置かれているのは、子ども、女性、高齢者、ハンディキャップド・パーソンズ、ホームレス、先住民族、異邦人等の「システム」から阻害された人々である。

　また、授業の要件として、①共通の問題意識に根ざす学習問題の重視、②子どもたちの話し合いによる追究の重視、③相互了解を志向するコミュニケイティブな行為の重視である（内山隆「公共圏概念の導入による社会科の改善」日本社会科教育学会『社会科教育研究』No.92、2004、pp.40-42）。

　本書では、私がこれまで実践してきた「共生への授業」について述べていく。

第1章　興味の重なりと学級の協働テーマの追究——2年生「みんなで家づくり」
第2章　「人とともにいること」を経験する——2年生「秋のわくわく商店街」

第3章　個のよさが生きる学級・授業と「この子の物語」——3年生「エーダン商店街に行こう」

　　　　本章は、内山隆「『この子の物語』書いていますか？—個が生きる学級づくり・授業づくりの試み—」（東京学芸大学附属世田谷小学校教育研究会『藤棚—初等教育を考える』第19号、1993、pp.6-16）をもとに加筆修正した。

第4章　地域に働きかけて問題解決を図る——3年生「どうする？ゴミ」

第5章　地域の人たちと協働する——4年生「グループ活動」

　　　　本章は、内山隆「子どもが学びがいを感じる時—4年1組学級文化活動づくりの考察—」（東京学芸大学教育学部附属世田谷小学校教育研究会『藤棚—初等教育を考える』第24号、1996、pp.12-21）をもとに加筆修正した。

第6章　生産者の思いにふれ、食と生活のあり方を問い直す——5年生「日本の食料生産」

　　　　本章は、内山隆「仲間と問い続け、深め合おう—農薬問題を追究する子供たち—」（東京学芸大学附属世田谷小学校教育研究会『藤棚—初等教育を考える』第11号、1987、pp.23-32）をもとに加筆修正した。

第7章　社会問題を通して自己と学級のあり方を見つめる——5・6年生「水俣とわたしたち」

第8章　学級という社会のあり方を構想する——6年生「学級憲法づくり」

　　　　本章は、内山隆「学級憲法づくりに託す願い」（東京学芸大学附属世田谷小学校教育研究会『藤棚—初等教育を考える』第14号、1990、pp.27-34）をもとに加筆修正した。

第9章　内なる国際化から自らのあり方を問う——6年生「外国の人が日本で生活する時に困ること」

　　　　本章は、内山隆「公共圏概念の導入による社会科の改善」東京学芸大学大学院教育学研究科学位論文から抜粋、加筆した。

第1章

興味の重なりと学級のテーマの追究
2年生「みんなで家づくり」

　ここでは、「みんなで家づくり」という2年生の協働プロジェクトの展開について、共通テーマに基づく一人一人の興味とそれを共有する仲間による取り組みについて述べる。

1　「みんなで家づくりがしたい」という願いの共有と活動の見通し

　1年生の時に、自分がしたいことと自分と興味が重なる仲間との活動を十分に楽しんできた子どもたちが2年生に進級した。2年生は入学式の会から1年間、1年生のペアの子どもの「お相手さん」として学校生活のサポートをする。この意欲に満ちた日に、子どもたちと2年生になってどんなことがしたいか話し合った。さとしが、「1年生の時はグループでいろいろなことをしてきたけれど、クラスのみんなでひとつのものをつくりたい。例えば家とか」と言うと、「いいね」「やりたい」とすぐにそれに賛同する声が上がった。どんな家がよいか話し合うと、「みんなが入れるくらい広い家がいい」「トトロの家みたいなのがいい」「中でお弁当が食べたい」「棚やベッドをつくりたい」「飾りもつくりたい」「遊び場もつくりたい」と、「みんなの家」をテーマにどんどん活動のイメージが膨らんでいった。

　担任も、子どもたちの興味・関心を探りながら学級で一つのテーマを共有化できるとよいと考えていた。子どもたちと担任の考えが重なったので、担任は

みんなで家をつくるという協働のプロジェクトを通して子どもたちがどんな経験ができるか、どのような力が育つかを検討した。

〈活動について〉
　子どもの願いに基づく「みんなで家づくり」という活動を通して、子どもたちが力を合わせて全力で一つのことに取り組み、成し遂げることの価値を味わえるようにする。家そのものをつくることはもとより、そこを拠点とした子どもたちの思いや発想の広がりを大切にし、可能な限りそれが実現できるようにしたい。また、つくり上げる過程における様々な試行錯誤やトラブル、アクシデントに対して主体的に取り組み、みんなで話し合い、知恵を出し合いながら問題解決をしていけるようにしたい。

〈ねらいについて〉
[育てたい力から]
　想像力　どんな家をつくるか発想を出し合い、イメージをもつ。
　表現力　家や家具、遊び道具、飾りなどをつくる。
　観察力　実際の家はどのようにつくられているか見て調べる。
　問題解決力　したいことを実現するための方法を考え、工夫しながら取り組む。
　人と関わる力　仲間と知恵を出し合い、力を合わせて取り組む。
　自分を見つめる力　自分や友だちの工夫、取り組みのよさなどに気づく。
　自立する力　自分の役割をもち、考えて行動する。
[単元構成の視点から]
　自然　三角地帯の自然や天候に応じた様子の変化に気づく。
　社会　いろいろな人に働きかけながら、材料や用具をそろえる。
　　　　みんなの家で楽しく生活するのに必要なものを、考えたり調べたりしてつくる。
　人間関係　みんなの家をつくったり、そこで楽しく生活したりするのに自分

ができることを考え、友だちと協力して取り組む。

　これをもとに、活動の見通しを立てた。教師が見通しをもちつつ、子どもたちと相談しながら活動を展開していくのである。次ページの※「大雨の後、家がどうなったか見に行こう」という部分は、予め計画されていたものではないが、「活動について」で述べた「トラブル、アクシデントに対して主体的に取り組み、みんなで話し合い、知恵を出し合いながら問題解決を」する経験として取り入れたものである。

　〈活動の見通し〉
　どんな家をつくるか考えよう
　　　○どんな家がよいか話し合う。
　家づくりの計画を立てよう
　　　○「家の設計図」をかき、発表し合ってどんな家にするか決める。
　　　○家の模型をつくる。
　　　○家をつくる場所を探す。
　家をつくろう
　　　○材料集めをする。
　　　○家を建てる。
　　　○グループに分かれ、つくりたいものをつくる。
　　　　・壁づくり　・ドアづくり　・ポストづくり
　　　　・靴箱や椅子、ごみ箱づくり　・遊具や遊び道具づくり
　　　　・家の中や周りを飾るものづくり　・トイレづくり　・地下室づくり
　　　　・池づくり　・看板づくり　・窓づくり
　屋根をどうしようか
　　　○屋根をどうするか話し合う。
　　　○全員で屋根づくりをする。

　　　　○屋根を取り付ける。
　壁にも色を塗ろう
　　　　○どんなふうに塗るか考える。
　　　　○絵のデザインについて話し合う。
　家の名前を決めよう
　　　　○家の名前について話し合う。
　大雨の後、家がどうなったか見に行こう　　※
　　　　○大雨の被害からの復旧をする。
　完成パーティーをしよう
　　　　○誰を招待し、何をするか話し合う。
　できた家でくらそう
　　　　○できた家で何がしたいか話し合う。
　１年生のお相手さんを招待しよう
　　　　○お相手さんを呼んで何をするか話し合う。
　　　　○招待状を牛乳パックのリサイクル紙でつくって渡す。
　　　　○家で一緒に楽しく過ごす。
　家づくりのまとめをしよう
　　　　○活動のまとめをどうするか話し合う。
　　　　○家を取り壊す代わりに何を残すか考える。
　　　　　・全員の作文を載せた本づくりをする。

2　協働のプロジェクトを形にしていく

　「みんなで家をつくりたい」という願いは、子どもたちに共有された。だが、それをどのように目に見えるものとして形にしていくか。教師には、子どもたちの思いをふまえながら、子どもたちに育てたい力が育つ経験ができるように、子どもたちとともに活動をつくっていくことが求められる。

最初の話し合いで願いは共有しながらも、子どもたち一人一人がもっているイメージには多様なものがあることが発言からとらえられた。そこで、まず一人一人が「家の設計図」を描いてみることにした。

　各自が描いた設計図（イラスト）を黒板に貼り、同じものや似ているもの同士でグループ化していった。中には2階建ての立派な家もあり、「階段はどうするの？」「どうやってつくるの？」といった質問が出されて質疑応答が繰り返され、「これならできそう」というオーソドックスで最も支持されたものに決まった。

　この時の様子について、りょうこは作文帳に次のように記している。

「今日の、いえのせっけいずについておもいました。私のうちがいいなとおもいました。どうしてわたしのせっけいずでやったやつがいいかというと、ほかのうちよりかんたんそうだからです。なぜかんたんそうだというと、木のいたとながい太いきのぼうを三本と、ペンキは白ときいろです。どうしてペンキのいろが白ときいろというと、すきないろだしきれいないろだからです。じぶんでじぶんのがいいっておもうのは、ちょっとはずかしいです。どうしてかというとじぶんでもわかりません。私はぜったい私のいえにしたい、じゃんけんでまけてもたすうけつできめてまけても、どうしても私のにしたいとおもいました。内山先生ぜったいわたしのいけんにしてください。ざいりょうはわたしがもってきますからぜったいしてください、内山先生」

　りょうこは自分の設計図にこだわり、何とか自分の案を実現したいと材料までもってくると書いている。このように自分の思いや考えを大切にして、何とかそれを他者に訴えて実現しようとすることが意欲や主体性の育成につながると考える。

　子どもたちの作文は、毎日帰りの会の前に書く時間をとって作文帳に記したものである。一人一人の子どもが、その日の学校生活で一番心に残ったことを

綴ることにより、子どもにとっては活動の足跡の記録に、教師にとっては子ども理解の大切な資料となる。

　フレネ教育に取り組んだ若狹藏之助によれば、生活を書くことは自由な自己表現であると言う。そして、「子どもたちは生活を書くことで、自分の像を紙の上に発見した。そして、紙に固着され、対象化された生活を見ると、彼らはそのありったけを表現しようとする。自分のしたことを時間をおって書いたり、自分が見たことのすべてを書いて、いったい自分がしたことは何であり、自分が書きたかったことは何であったか考える」（若狹藏之助『フレネ教育　子どものしごと』青木書店、1988、p.35）と述べている。私も、若狹氏に学び子どもたちの願いや求めが生きる総合学習と生活作文を一体的にとらえることで、子どもの学びと教師の見とり、指導を一体化し、子どもの育ちにつながるものにしようと考えたのである。

　家の設計図は合意形成された。私は、低学年では多数決を使わない。合意に至らなければ、何度も何日も話し合いを重ね、多数派は少数派を説得し、少数派は多数派に納得してもらえるように知恵を絞ることを学級における民主的な経験として大切にしていた。

　さて、設計図は平面に表現されるが、実際につくるのは立体的な家である。立体は２年生にはイメージしにくい。そこで、水曜日のお弁当の日に駒沢公園で食べることにして、公園に行く途中の建築現場を見学した。さらに、プラモデルのように工作用紙と割り箸で簡単な家の模型をつくってみた。こうして、子どもたちの願いを目に見える形にしていくことで、イメージの共有化を図っていった。

　次は、家をどこに建てるかである。子どもたちと学校中を見て歩いて話し合った。子どもたちが好きな場所はアスレチックのある「どんぐり山」だが、人がたくさん来るのと、平らな場所がないので難しい。１年生の時に基地をつくった教室前の植え込みは、みんなが入る家をつくるには狭い。児童館裏の「三角地帯」に行ってみると、平らな場所もあるし人も来ない。それに家の周りに遊具をつくるのにちょうど良い木が沢山生えている。以前６年生が「『○』の

時間」(学級裁量の時間)に竪穴式住居をつくった跡も残っている。子どもたちは、この環境でできそうなことやつくれそうなもののイメージを膨らませていた。

　残るは材料である。全員が入れる家となると、ある程度頑丈でなければならない。ベニヤと角材を買って来ようかとも思ったが、出来れば再利用の材料があると良い。そう思って探していると、用務の石井さんがゴミの焼却用にもらってきた材木を発見した。もとはキヨスクの売店だったそうで、家づくりにうってつけの材料と出会い、子どもたちがお願いに行って譲り受けることができた。焼却炉の所から、使えそうな材木の釘を抜き、三角地帯に運ぶのは2年生の子どもたちにとってはなかなかの重労働であった。

　しゅんたは、この時のことを次のように書いている。

　「……材木はほとんど重い材木をはこびました。そのうち、けが人二人、たかおくんとぼくでした。最後の材木はちょうど〇のような材木でした、よそうしての重さは五十五キログラムぐらいに思えました。六人ぐらいでもたりないくらいでした。とにかく重かったです。もう材料運びはこりごりだとはいいたくないけど、重くてつぶれそうでした。お母さんは、できたらのんびりお茶のみ会をしたいといいはじめました。家ができて、1日がすぎた夜中ごろ、虫とかがここはいい家だ、ここに夜はいようとかなんとかいっていました」

キヨスクの売店だった材木は、結構厚みや太さがあり、かなりの重さであった。その重さを子どもたちはリアルに感じている。それでも「こりごりだとはいいたくないけど」と家づくりのために重さに耐えて運んでいることが分かる。また、家で母親と家づくりのことを話していること、母親も家の完成を楽しみにしてくれていることも伝わってくる。夜は虫にとっても快適な場所になっているだろうと想像しているところも2年生らしい。

　柱にする丸太は、用務の関さんにお願いしていただき、倉庫からもってき

た。これで材料は揃った。つくるのは「クラスのみんなが入れる家」なので、学級全員が集まってしゃがんでいる広さを測って柱を立てた。柱は子どもたちが穴を掘り、教師が打ち込んだ。こうして家の骨組みができた。あとは、壁板を打ち付けていく。釘打ちは釘抜き同様、最初は教師がやって見せ、だんだん子どもたちが自力でできるようにしていった。

3　自分のしたいことで「みんなの家」に貢献する

　「みんなの家」が現実のものになると、子どもたちの「クラスのみんなでつくっている」という意識も高まってきた。この後は、「みんなの家」のためにグループに分かれてつくりたいものをつくることになった。活動の1時間目に「どんな家にしたいか」を話し合った時に、一人一人が「こうしたい」と願ったことを実現していくのである。

　「壁づくりを続けたい」「窓をつくろう」「ドアをつけたい」「ドアの横にポストをつける」「靴箱や椅子、ゴミ箱をつくりたい」「遊具や遊び道具をつくりたい」「ターザンロープ、シーソー、すべり台、ブランコをつくる」「おもちゃをつくる」「家の中や周りに飾るものをつくりたい」「額縁、石の飾りをつくって、絵を描いて飾る」「トイレをつくりたい」「地下室をつくりたい」「池をつくりたい」「看板をつくる」様々なアイデアが出された。

　遊具はほとんど実現したが、うまくいかなかったものや試行錯誤したものもある。トイレはつくったが誰も使わなかったため地下室にしたが、地中にいろいろなものが埋まっていて挫折し、池づくりにしたところ11名の最大グループになった。人数が多い分、調整も難しくトラブルが起きやすい。ある日、「男子があれやれ、これやれと命令する」とみさこから不満が上がり、話し合うことになった。ゆみが、活動の最初にそれぞれ何がしたいかを出し合って決めてはどうかという調整案を出し、それでみんなも納得して活動が再開した。このような問題場面をどう建設的なアイデアを出して乗り越えるかが、総合学習で最も子どもに育てたい力であると考える。

グループでの活動に取り組みながら、子どもたちは経験を作文に表現していった。

　「また、みちこさんとさとしくんとしげおくんとひろくんがはいりました。けれど、さとしくんとしげおくんとひろくんがやめてしまいました。なぜかというと、本だながしっぱいしたので、やめてしまいました。しょうがないから二人だけでやっているとちゅうです。みちこさんと私でいいことをおもいつきました。さっきのしっぱいさくを、また本だなにかえるには、本だなのうらにまた本をおくだいをつなげていけば、またもとどおりになります。そういうふうにかんがえてやっています。これでうまくいくといいなとおもっています。いっぱいみんながやめてしまってざんねんです。けれど、さいごまでぜったいにやってみたいです。　よしえ　6／11」

　よしえは、失敗によって友だちが抜けてしまったことにめげずに、みちこと2人でアイデアを出し合い、乗り越えようとしている。私は、うまくいかずに仲間が抜けてしまったのは見とっていたので、次の活動の際にはサポートが必要だと考えていた。だが、その日のよしえの作文帳には、自力で乗り越える方法と意欲が表現されていたのである。これを読んで見守ることに決めた。このように、活動の見とりと作文から子どもたちの自力解決を支えていくのが、教師の大切な役割であると考える。
　次ページの「低学年総合学習活動本時案」は、一人一人及びグループの活動の見とりと本時の活動の予想、それに対する教師の期待と手だてを表現したものである。
　しばらく、子どもたちの活動の様子を見ていこう。

低学年総合学習　学習活動本時案

1．めあて
・「2の1がんばりハウス」をよりよくするために考え、工夫しながら活動を発展させる。
・友だちと力を合わせたり、工夫を学び合ったり、みんなに呼びかけたりすることを通して人間関係を深める。

2．展開
（1）グループ毎に個やグループのめあてに沿って活動を進める。

ターザンロープウェイ　［グループのめあて］修理をして、よくすべるようにする。			
［援助］木に登ってする活動の安全に十分注意する。修理のための助言を求められれば行う。			
ともや	じゅんいち	しんたろう	ようじ
乗ってみてから意欲が高まる。自分の役割を果たせるよう、必要に応じて声をかける。	ひもが何回か切れたのを粘り強く修理した。ローラー部分の修理を一生懸命するだろう。	ローラー部分がロープから外れないように考えるだろう。声をかけられたら助言する。	ローラー部分の修理に主体的に関わってほしい。役割分担を意識して取り組めるか。

しょっき　［グループのめあて］彫刻刀を3人で交代に使って木の皿を作る。		
［援助］チームワークが良いので任せる。		
ゆかり	ひろこ	まさこ
ひろこから学びながら考えて皿づくりを進めるだろう。他のグループにも目が向くか。	皿に何かを乗せるアイデアを考えた。他の2人をうまくリードして進めるだろう。	「チームワーク」に価値を見いだしている。ゆかりやひろこ、個々のよさに目が向くか。

2の1　がんばりハウス

びっくり池　［グループのめあて］池を掘り進める。滝の部分の洞窟を掘る。水の滑り台を作る。水車づくりの相談をする。					
［援助］人数が多いので、話し合いが必要と判断した時に声をかける。					
ひろ	けいすけ	えいじ	さとし	しげお	のりお
滝づくりでは、下に石を敷く工夫をしていた。それを発展させて洞窟を掘っているので、工夫を期待する。	泥の感触を楽しみながら、水の流れるコースを作っている。「こんな工夫をした」を引き出したい。	自分なりに川原のイメージをもって取り組んでいる。水車の設計図を書いているので、友だちとイメージの交流をしてほしい。	話し合いをしながら進めていこうという姿勢が見られる。水車の前に池を完成させるというので見守る。	自分なりのしたいことをもち、発見しながら取り組んでいる。いくつかあるプロジェクトにどうかかわるか見守る。	友だちから発想を認められ、主体的に活動している。洞窟で発想を膨らませてほしい。
よういち	ゆう	れいこ	ゆみ	みさこ	
友だちの発想に学ぶ姿勢が見られる。グループでの話し合いに積極的に関わってほしい。	水の滑り台を作るための板を切っていた。アイデアを出し合いながら進めているので見守る。	水の滑り台作り。ネコになったりしながら、ごっこ的に楽しみつつ活動しているので見守る。	土の城を作ると言っていたが、水の滑り台に加わっていた。友だちとどのようにかかわるか見守る。	かなり自分の発想にこだわる姿が見られる。山を作っていたので、土の城とつながるか見守る。	

（2）みんなに知らせたいことを発表する。

・できたこと、工夫したこと
・募集したいこと、応募のお願い
・困ったこと　　など

＊指導上の留意点
ここでは「みんなの家」という意識に基づくお互いのグループの活動のよさの共有化や助言などのかかわり合いを、子どもが自ら働きかけ合いながら行えるようにしたい。そのために、教師も話し合いに加わり、発表者に対する助言などを引き出せるようにする。

3．評価
・自分なりに考え、あるいは工夫して活動を進めることができたか。［観察・発言・作文帳］
・友達と進んでかかわり合う姿が見られたか（協力・学び合い・呼びかけなど）。［同上］

2年1組39名（男子20名、女子19名）　授業者　内山　隆

石のかざり
[めあて] 前時に材料の石を拾い洗っていた。本時は絵付けをする。
[援助] 材料集めは援助したが、飾りづくりは見守る。

あさみ	なつみ	かなえ	りょうこ
石を洗うためのバケツ探しなど、自ら考えて取り組んでいた。工夫しながら飾りをつくってほしい。	生活全般に意欲がみられ、とても乗っている。飾りづくりでもちょっとした工夫を色々考えるだろう。	ボンドと木の枝を使って発想を生かし、楽しみながら活動するだろう。友達と発想を交流してほしい。	ここ数日、作文帳に家づくりが出てこない。材料は揃っているので、飾りづくりに発想を生かし、浸ってほしい。

おもちゃ
[めあて] パチンコづくりを進める。
[援助] 自分のイメージを持って作っているので見守る。

りょうこ	よしえ
（上記と同）	えりに抜けられ一人になったが、頑張って作っている。友だちにも働きかけているので、完成できるように支える。

かべ
[めあて] 窓のビニールシートを貼る。
[援助] 時々手の空いている子どもがいるので、本人又はリーダーに声をかける。

たかお	しゅんた	じゅんじ
自分なりにめあてを持っているので、自ら「〜したい」と働きかけてほしい。	窓のマークを決め、寸法を書いたメモと対応させる工夫をしている。分担を話し合って、みんなが気持ちよく仕事できるよう配慮してほしい。	自分なりの工夫を考えているので、それがグループで生きるように支える。

たくま	かずし	たろう
壁の隙間をなくしたいと考えている。それをグループで提案し、活動につなげられるよう支えたい。	2日間欠席した。窓を作るというめあてを持っているので、活動には抵抗なく入れるだろう。	自分の願いやイメージを持って取り組んでいるので、グループの中にどんどん出してほしい。他のグループへの助言も期待。

かざり
[めあて] 貼り絵づくりを進める。
[援助] 貼り絵の話をしてくれたら聞いて、発想を膨らませられるようにする。

ちよこ	みさえ
石のおもちゃの後、飾りづくりに取り組み、アイデアをどんどん出そうと張り切っている。更に発想を広げてほしい。	できた貼り絵を家の中に飾ってみるよう助言した。掲示することで、更に意欲を高めてほしい。

いろいろ
[めあて] ゲームづくりを進める。
[援助] 活動が乗ってきたので、必要な材料を用意しておく。

みちこ	まり	えり
ゲームづくりを初めて色々とアイデアを出しながら意欲的に取り組んでいる。自信をもっているので見守る。	「みんなが喜ぶゲームづくり」を目指して休み時間にも迷路を作っていた。その思いをみんなに呼びかけることを期待。	よしえとのグループをやめて入る。迷路づくりに熱中している。他の2人とのチームワークをどう図るか見守る。

かんばん
[めあて] 矢印づくりを進める。
[援助] 矢印の設置場所や方法について助言する。

たかよ	ひでこ
矢印の材木切りはひでこにお任せという感じだったが、色塗りや字では意欲的な取り組みを期待したい。	活動を通して、「たかよさんがとっても好き」と感じている。矢印づくりを進めながら、更に人間関係を深めてほしい。

かぐ
[めあて] 机に色を塗る。椅子づくりの準備をする。
[援助] 椅子づくりの相談になったら話し合いに参加し、必要に応じて助言する。

かずお	ゆたか	まさし
道具の準備や片付けを一生懸命にしていた。色塗りに自分の発想を出してほしい。	机が頑丈でないのを心配していたが、完成して安心した様子。丁寧に色塗りをするだろう。	活動後の話し合いで、机の名前募集の呼びかけをしていた。椅子づくりについてのイメージを出せるか。

「今日、あたらしいいたをはこびました。いたをはこびおわったら、教室にかえって３人べつべつにたなのせっけいずをかきました。たなは、私のかいたせっけいずにきまって、色はぜんぶ黒にきまりました。さんかくちたいにもどったら、やねに青色のシートがのせてあって、ゆかもいたがおいてありました。きれいにきがあったので、きをきってきれいにけずってささえだけできました。早くかんせいできるといいです。　ゆかり　7／4」

　ゆかりは、ひろこ、まさこと一緒に食器を入れる棚をつくったことを書いている。私が感心したのは、まず一人一人が自分の設計図を描いて、それから話し合いで一つの設計図に決めるというお互いを尊重した方法を行っていることである。

「今日、たながかんせいしました。よかったです。これも、三人の力を合わせたからだと思います。これからも三人の力を合わせれば何でもできそうです。こんどはかざりものを作るよていです。このことをわすれなければ、きっと早くできると思います。みんなのやくにたつたなだといいなと思っています。　まさこ　10／23」

　まさこは、３人の協働による棚の完成に価値を見出している。また、自分たちのグループがつくったものが、「みんなのやくにたつたなだといい」と他の仲間たちへの貢献についても意識している。

「今日、家づくりではしがかんせいしました。まさこさんと私は二本目だけれど、ゆかりさんは一本目だったです。だから、手つだってあげようかなと思ったけれど、自分でやるからちゃんとした第五号ができるのだと思いました。その時、ゆかりさんが一本目を終わりました。それで、彫刻刀をまわしました。私は切り出し、まさこさんは平刀、ゆかりさんは三角刀になりました。それから十五分ぐらいしてから、全員できました。それか

らしあげをして、うっちゃんにそーっとちかづいて、いっせいのーせで、『でーきた！』とさけびました。私たちは食器なので、そのつぎにかんたんな『おさら（といっても名前入りとくべつ）』を作ることになりました。
　ひろこ　10／28」

　ひろこの作文を読んで、私は大変驚いた。まだ箸ができていない友だちを手伝おうと思ったが、「自分でやるからちゃんとした」箸ができると考えて手伝うのをやめているからである。大人でも真似ができないことを、２年生の子どもができるのはなぜか。おそらく、ひろこ自身が同じ箸づくりをしていて、自らつくることの価値を実感していたからではないか。自分が手伝ってしまうと、ゆかりからそれを奪ってしまうためにやめたのだろう。
　子どもたちは、本当にしたいことを追究する中で自らの力を十分に発揮し、個とグループ、全体との関係をよりよいものにしようとしていったのである。それにしても、子どもが本当にしたいことに没頭した時、そこで発揮される力や粘り強さは大人でもかなわないものがある。

　「ねぎのようなものをすりつぶして、ボンドをいれて色水を入れてエメラルドグリーンをつくったのです。これは、すごいことなので、それを色水につかってきれいな石のかざりをつくろうとしているのです。私たちは、家ができるまえからじつ力をつくし、がんばったちからが今、げんじつになったことがうれしくてたまりません。　なつみ　10／22」

　なつみは、自分たちの頑張りと願いの実現の喜びを、自分がもっている語彙をすべて使って表現しようとしている。こうした達成感と充実感が自己肯定感と自信につながることを、私は子どもの姿から学んだ。

4 「みんなの家」への強い思い

　グループに分かれて活動をしながら、活動を終えた振り返りでは互いの活動を見合い、アイデアを求められれば考えを出し合って進めていった。また、全体で取り組むことについては、みんなで話し合って決めていった。
　屋根づくりもその一つである。屋根は立て看板用の透明シートを教室いっぱいに広げて貼り付け、そこに各自が自由に絵を描いていった。ゆかりは、作文帳に自分が描いた絵について記した後、友だちの絵についても書いている。

　「……私は、みさこさんたちがかいていた、大きな海の世かいのが一ばんくふうしていると思います。けいすけくんたちがかいた絵は、いろいろな色をつかってきれいな絵でした。みさえさんたちがかいた絵もいろいろな色をつかっていました。一ばんじょうずにできている絵は、みさこさんたちがかいてた絵です。早く絵がかんせいするといいです。　ゆかり　10／8」

　ゆかりは他の仲間が描いた絵もよく見ていて、よいところを評価している。「みんなの家」の屋根をつくっているのだという意識があるためだろう。
　次に、家に名前をつけることになった。かんばんづくりの子どもたちが家の名前を募集し、応募された中からこの子たちの司会による話し合いで決めた。この時、ちょっとした事件が起きた。

　「私たち、2の1の家の名まえきめを1時間目にきめました。ぼしゅうしてあるのは、いろいろあります。その名まえに『ラッピー、ハッピー、がんばり』などがついていました。○○さんたちは、『けんかしたらあの家はぼろだからこわれちゃう。』なんていったものですから、みんなのあたまからゆげがたちました！『ほろなんかじゃないよ。』『そうだよ！』『なんでほろなわけ!?』あんまりせめられてワーワーさわぐものですから、○○さんの目の中の水どうから水がながれだし、そとにでてきました。『な

んでせめるのーグジュ。』ないてしまいました。つくえに顔をつっぷしてねー。それからじぶんのせきについてハンドタオルで顔をふきました。それからきまった名まえは『2の1がんばりハウス』です。いい名まえですねー。　ちよこ　10／23」

　このエピソードは、子どもたちの「みんなの家」に対する思いの強さが表れている。この思いは、時間をかけて仲間とともにつくり上げる中で膨らんできたものである。「がんばり」というネーミングが共有されたことからもそれが分かる。
　この頃、大雨が降ったことがあった。朝の教室では、子どもたちの「家は大丈夫かなあ？」という声が交わされている。そこで、「家がどうなったか見に行こう」と投げかけて傘を差して様子を見に行った。屋根が落ちていたり、池が溢れていたりしていることを確認し、そこからの復旧を次の活動のめあてとして意識できるようにした。
　また、家をつくっている三角地帯の環境整備も大切である。

「今日、二時間目に家のせいりをしました。……おわってから、みさこさんとちよこさんでごみひろいをしました。まさこさんたちがふくろにつめて、私たちのみどりのちりとりにいれてくれました。私は、うっちゃんに『学校のまわりもきれいにしたーい。』といったら、ウッチャンは学校の外につれていってくれました。かんがなんこもおちていました。ひろってもひろってもまだまだあります。かんがなん十こもありました。一回かんとかをすてにいきました。ついてからちりとりをおろすと、手がかたまってグーにできなくなってしまいました。けど、つぎにあさみさんがちりとりをもちました。いくとき、しんぶんやほんのかたまりがありました。それをぜんぶのせると、おもくなって私がてつだってあげることにしました。とってもたのしーいごみひろいでした。　みさえ　10／31」

第1章　興味の重なりと学級のテーマの追究

子どもたちの家を大切に思う気持ちは、家の周りの環境美化につながり、「学校の周りもきれいにしたい」という思いを生み出す。三角地帯の金網の外は、心ない大人が捨てた弁当かすや空き缶などのゴミが多い。それを一生懸命拾ってゴミ捨て場まで持って行くのは、なかなか進んでできるものではない。それを「たのしい」と感じられるのは、やはり、大切な家の周りをきれいにしたいという思いと、ともに活動する仲間の存在なのだろう。

5　「みんなの家」をより多くの人たちと

　半年間かけてつくってきた家の完成が近づくにつれ、子どもたちはもちろん家の人たちも、「完成のあかつきには盛大なパーティーを」という合い言葉を口にするようになった。そこで、子どもたちと相談した。パーティーでどんなことをするか、どなたをご招待しようか、招待状はどうしようか、そんなことを話し合った。

　牛乳パックの再生紙で招待状をつくり、1年生のお相手さんや家の人たち、学校の教職員の方々、教育実習生の先生たちに出した。お弁当の日に家の人を招き、家の側にかまどを設置して大鍋で豚汁を振る舞った。お相手さんが来た時には、一緒に遊んだ後お弁当を食べ、大鍋で作ったココアを飲んだ。

　その間、自分たちも「つくった家で暮らそう」ということで、お弁当を食べたり、他のグループの人がつくったもので遊んだり、勉強をしたり寝転がったりして過ごした。学校の中に、自分たちの居場所をみんなでつくり生活する。「みんなで家づくり」という協働プロジェクトを通して、学校での生活と学びは、みんなで創り上げていくものなのだという実感を子どもたちはもてたのではないか。また、人とともにいること、一緒に何かを創り上げることの楽しさを存分に味わえる経験は、「共に生きる」ことの土台になっていくことを、子どもたちの姿から私もまた実感したのである。

第2章

「人とともにいること」を経験する
2年生「秋のわくわく商店街」

　ここでは、みんなで「本物みたいなお店やさん」をつくる中で、他者とともに活動することの子どもにとっての意味について、2人の子どものかかわりを中心に述べる。

1　活動を通して「他者」と出会う
（1）異質な「他者」との出会い

　子どもたちは、様々な学びや活動を通して自分とは異質な「他者」と出会う。そこで、どのように活動をつくり上げていくのか、どうお互いのしたいことに折り合いや調整をつけていくのか。そうした「人とともにいること」の経験が、子どもにとって大切な学びとなっている。特に、人間関係が希薄化していると言われる現代社会において、またコミュニケーション能力の育成が言われる中で、子どもたちをどう見とり、育てていけばよいか。

　まず、他者との出会いの基本的な考え方について、ブーバーを参照すると「人類と人間性は、〔他者との〕真正な出会いにおいて生成する」（マルティン・ブーバー／稲葉稔・佐藤吉昭訳『哲学的人間学』ブーバー著作集4、みすず書房、1969、p.22）とある。吉田敦彦は、出会いの相手としての「他者」のあり方を、以下の2点から考察している（吉田敦彦『ブーバー対話論とホリスティック教育　他者・呼びかけ・応答』勁草書房、2007、pp.55-56）。

①　出会いの相手としての「他者」は、自己の物語によっては解釈し得ない他者である。他者を、たえず解釈して自分の理解の枠組みの中に回収しているかぎり、自己のもつ物語が揺らぐような出会いは生まれない。これまでの枠組みでは理解し得ない他者の他者性に出会うとき、彼の生きた現実性に出会い、予期しない新鮮な驚きとともに、彼を解釈してきたこれまでの物語が動揺する。よく知っている（と思っている）人との間でも、このようにして出会い直していくことができる。

②　出会いの相手としての「他者」は、自己と同じ物語を共有しているのではなく、異なる物語を生きている他者である。同じ物語を共有している人と、その同一の物語の内部で語り合っているかぎり、出会いは生じない。異なるルールでゲームをしているような、異なる物語を生きる他者との間でこそ、出会いが起こり得る。

ここで言う「出会い」はどちらかが一方に吸収されたり依存したりといった関係ではない。一人一人が自分の思いや願いをもった存在として他者と向き合う。そこで「出会う」ことで新たな活動内容や物語が生まれるのである。これは、序章で述べた日本学術会議「アジア・太平洋地域における平和と共生特別委員会」の、「共生」理念の位置づけ並びに定義③「自己と異なるものの存在を、自己自身にとっても新たな発展の場となり得るものとして位置付ける」「積極的共存」である。子どもたちは、どのようにして他者と出会っていったのだろう。

（２）「朝の会」での提案をめぐって

「朝の会」を私は、子どもたちとともに生活と学びをつくる上で重視している。私の学級では、２年生の「朝の会」のプログラムは、次ページのようになっている。

朝、時間になると子どもたちは教室に戻ってくる。すると、歌当番がCDをかけてみんなで歌う。担任もできる限りギター伴奏をつける。子どもたちは友

> 1）今週のうた
> 2）今日のおどり
> 3）日直さんの話（作文）
> 4）みんなに言いたいこと
> 5）日直さんからの漢字とカタカナの問題

だちと手をつないだり、リズムに合わせて体を動かしたりしながら元気よく歌う。私は、子どもたちの様子を見ながら健康状態を確認する。

　次は踊りである。運動会で踊った曲と、1年生の時に2年生のお相手さんから教わった踊りを日替わりで踊っている。朝の会のプログラムに踊りを取り入れるようになったのは、子どもたちと教師の身体の同調性、同期性について考えるようになってからである。踊りを通して子ども同士、子どもと教師の身体のリズムを同期させるということが、言葉によらないコミュニケーションとして大切だと考えたのである。様々な学級の授業を参観する際にも、子ども同士や子どもと教師の身体のリズムが合っているか、ズレているかが気になっていた。「朝の会」で子どもたちと声や身体のリズムを合わせることから、学校生活を始めることはこのような意味で大切であると考える。

　また、「みんなに言いたいこと」は、子どもが自らの興味・関心、願いや求めを学級のみんなに「〜しませんか」と投げかける場である。例えば、1年生の1学期に「学校の中を探検しませんか」という声が上がる。それがみんなに共有されれば、「学校の中を探検しよう」という仲間とつくる活動が生まれる。もちろん、「学校の中を探検しよう」という活動は、子どもから出なければ教師が投げかける。だが、こうした子どもの側から活動を提案し、それをみんなで共有することで生まれる活動のイニシアチブの重視が、主体的に学ぶ姿勢につながっていくと考えている。

　1年生1学期のある日、朝の会の「みんなに言いたいこと」で孝雄が「中庭でチャボの卵をもらって、4年1組で温めてもらって孵してニワトリを飼いませんか」と提案した。

「中庭でチャボの卵をもらう」→「4年1組で温めてもらう」→「卵を孵す」→「ニワトリを（クラスで）飼う」短い言葉の中にかなり先までの見通しが盛り込まれた提案である。孝雄の強い思いが見とれる。孝雄にとっては、クラスの誰もが賛成してくれると思ったに違いない。ところが、話し合ってみると「ニワトリなんか飼えない」「自分たちでは世話ができない」という子どももいた。孝雄にとっては、とても楽しくよいことなのに、それに反対する友だちがいる。まさに、孝雄にとって「異質な他者」との出会いである。孝雄たちは、必死になって反対する友だちを説得した。私は、低学年では多数決は使わず、みんなが納得するまで話し合う。だが、話し合いは10～15分ぐらいしかもたないので、1日ではなかなか決まらない。「クラスでニワトリを飼うか飼わないか」という問題について、何日も話し合うことになる。子どもたちも、段々「何とか解決しよう」という問題解決への切実感をもつようになっていく。結局、この話し合いは最後まで一人で反対していた薫に対して、孝雄たちが説得を続け、薫も「ちゃんと世話ができるなら」ということで賛成して決着した。孝雄たちは他者との出会いを経験し、「飼うからにはしっかり世話をしなければ」という責任を自覚することになった。

　こうした、他者との出会いによる問題場面の生成と解決に向けた話し合い、そして新たな物語の創出を大切にしてきたのである。

2 「秋のわくわく商店街」について
（1）活動のねらい

　子どもたちの「秋のお店を開きたい」という願いが共有されて生まれた「秋のわくわく商店街」をつくる活動を通して、子どもたちは秋という季節をイメージしながら、店で売る品物の材料を校庭や家の近くの公園に出て行って集めたり、様々な材料や用具を用いて自らの手を使い工夫しながらつくったりする。また、仲間と一つの店を構成していく中で、友だちのよさに共感したり、そこで生まれた問題場面をお互いの意図や気持ちを出し合いながら解決してい

くことで、人間関係を広げたり深めたりする。さらに、よりよい店や本物みたいな店をめざすために、実際に学校や家の近くの店や商店街に出て行って品物の並べ方や店の人の売り方、看板や宣伝の仕方を観察し、それを店づくりに生かす。こうした取り組みを、お客さんをかえて繰り返しながら、自らの問題点を見つけ、仲間と知恵を働かせ合い工夫し合いながら乗り越えていく。

　この活動で子どもたちがどんな経験をするか、またそこで子どもに何が育つかを、総合学習活動領域のねらいと育てたい資質・能力、そして追究内容の面から以下のようにとらえた。

〈ねらい①〉　子どもの生活を基盤とする具体的な活動や体験を通して、子どもが自ら学ぶ意欲・態度・能力を育てる。
　　　　　　○願いや求めを出し合って、活動の内容やテーマを決める。
　　　　　　　　　　　　　　　　　　　　　　　　　　　　［自己表現］
　　　　　　○どんなものをつくるか、イメージを出し合う。［自己表現］
　　　　　　○材料を集めて、売るものをつくる。［構想］［創造性］
　　　　　　○新たなものづくりに挑戦する。［活動意欲］
　　　　　　○よいお店のひみつを店の様子や店の人の言動などから探る。
　　　　　　　　　　　　　　　　　　　　　　　　　　［観察］［思考］
　　　　　　○発見したことをカードに書く。［表現］［思考］
　　　　　　○店の飾り付けや品物の並べ方を工夫する。［表現］［創意工夫］
　　　　　　○お店を開く計画を立てる。［構想］
　　　　　　○お店の人になりきって品物を売る。［表現］

〈ねらい②〉　ともに学ぶ仲間と活動や体験を共有し、そこから生まれた問題の解決をめざして、互いに考えを出し合いながら、よりよい人間関係を育てる。
　　　　　　○願いや求めを出し合って、活動の内容やテーマを決める。
　　　　　　　　　　　　　　　　　　　　　　　［コミュニケーション］
　　　　　　○どんなものをつくるか、イメージを出し合う。
　　　　　　　　　　　　　　　　　　　　　　　［コミュニケーション］

○グループで相談しながら、材料を集めて売るものをつくる。
　　　　　　　　　　　　　　　　　　　　　　　［コミュニケーション］
　　○どうすれば自分の考えが相手に伝わり、また相手の考えを理解で
　　　きるか考えて行動する。　　　　　　　　　　　［社会的スキル］
　　○考えを出し合って、お店を開く計画を立てる。
　　　　　　　　　　　　　　　　　　　　　　　［コミュニケーション］
　　○仕事を分担し、お店の人になりきってお客さんとかかわりながら
　　　品物を売る。　　　　　　　　　　　　　［コミュニケーション］
　　○問題点を明らかにして、解決の方法を話し合う。
　　　　　　　　　　　　　　　　　　　［問題解決］［コミュニケーション］
　ここで大切なのは、一人一人の子どもが上のどの場面でどんな学びの経験を充実させているか、そこでどんな力を伸ばしつつあるのか、またそのために教師はどこまで自力解決に任せ、何をこそ援助すればよいかと見とり、実践し、評価・修正していくことである。

（２）活動を通して子どもが経験すること

　上の活動のねらいをふまえて、子どもたちがどのように活動を展開し、どんな経験をしていくか見通しを表したものが、次ページの図である。

　子どもたちの願いや求めを中心にすえて活動を展開していった時に、そこから生まれる活動を【「社会」「人間・文化」へのアプローチ】と【「自然」「人間・文化」へのアプローチ】として想定し、子どもたちにとって意味ある活動にしたいと考えたのである。

　八木紘一郎は、ごっこ遊びの意味を４つの点からとらえている（八木紘一郎『ごっこ遊びの探求』新読書社、1992、pp.45-56）。
　①自らを現す場（自己発揮）
　　　遊びの実現にかかわるテーマや場所の選定、空間の見立て、役割分担など全ての事柄を、遊ぶ主体である子どもひとりひとりが、自分たちで考

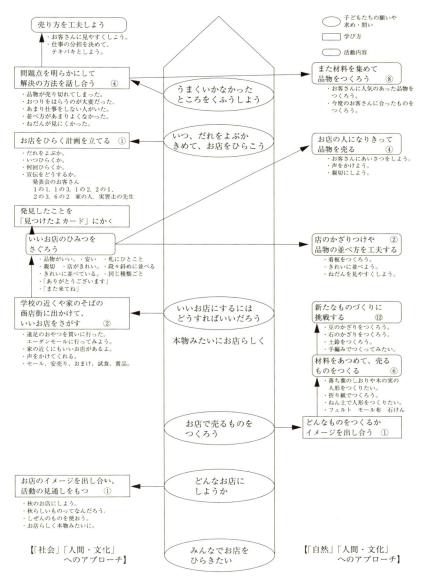

図2-1 「お店をひらきたい」という子どもたちの願い・求めから
　　　 どんな総合的な学びが生まれるか　［活動の展開の見通しと修正］

第2章　「人とともにいること」を経験する　　45

え、決めている。
②本質を探求する場（本質探求）
　　子どもたちはよりらしさを求めていく中で、さながら「実験室」のように、大人からすればとうてい創造することの出来ない物を、様々なイメージや技術を駆使して、見立てていく。
③自己世界を拡大する場（自己拡大）
　　子どもたちは周辺にある魅力的な文化または生活様式を、ごっこ遊びの中で貪欲に手を延ばし、それらを自己に組み込みながらその世界を広げていく。
④生きる力を拡充する場（生きる力）
　　ごっこ遊びは、子どもが人間として生きていく上で必要となる人とのかかわりや、文化との出会いを通して、様々な知識や技術を習得していく場である。しかし、何より重要なことは、こうしたごっこ遊びを「やろう」とする意欲そのものであり、その実現にあたって得ることのできるエネルギーである。その力こそが、子ども自身が主体的に生活を生きていく原動力になる。

　「ごっこ遊び」というと幼児教育をイメージするが、幼小連携が言われる中で、また「アクティブ・ラーニング」が盛んに言われる中で、こうした幼児期の子ども主体の活動をどう学校教育につなげるか、生きる力や意欲を育てていくかが問われている。

3　「人とともに」活動をつくる
（1）リアリティの追究
　2学期の見通しを話し合う中で、子どもたちから「お店を開きたい」という声が上がった。1年生の時から子どもたちは、「みんなでしよう〜仲間とつくる活動」（総合学習）において、「お店やさん」に取り組んできた。そこに、ど

んな願いや求めがあるのか。私は、「どんなお店にしようか」と子どもたちに問いかけた。すると、将史が「お店らしくしたい」と言い、美香子が「本物のお店らしくしたい」と続けた。前回のお店やさんでも、秀司が近所の魚屋さんのおじさんのかけ声を取材してきて、お客さんに「はい、いらっしゃい！」と声をかける姿が見られた。今回は、計画段階からよりリアルなものにしたいという願いや求めが全体の場に出されたことで、2年生の学びの経験内容の充実につながると考えた。よりよいお店を追究していく中で、「本物のお店では〜」「本物のお店の人は〜」といった情報収集を行い、発見したことをお店づくりに生かすことが期待できる。「いいお店のひみつ」を探る中で近くの商店街に出かけて店を観察し、店の飾り付けや品物の並べ方、接客の仕方等を発見し、自分が店の人になりきって売るのである。

（2）秀司と友祐のお店

「秋屋さん」は、秀司と友祐のコンビである。同じ店づくりに取り組んでいるが、苦労している様子が見とれる。その原因は、2人がめざすイメージの違いである。秀司はお客をたくさん集めたいが、友祐はお客がたくさん来るのを好まない。一緒にいながら、お互いが他者として向き合っている。この2人にどのような学びが生まれるのだろうか。

秀司は、「やすい！やすい！一番」という旗をつくり、振って見せている。彼は一貫してお客さんをたくさん集めることに生きがいを感じている。家でも商品づくりをしたり、このように宣伝をしたりする姿が見られる。一方、友祐は駅の改札のイメージにこだわっている。机の両端に2本のゴムをつないで、それを入り口と出口にしようとした。友祐は電車が大好きなのだ。彼の行為の裏側には、それによって人の出入りを制限したいという意図もあるようである。教育実習生の先生に「この2つがないと、人がいっぱい入ってきて品物とか落とされちゃう」と言ったことからも分かる。だが、友祐はそれを直接秀司には言わない。間接的にこのことを聞いた秀司は、「出口だけなら残してもいい。でも、2つあると行列が出来たときに通りにくい」と妥協案を提示する。

しかし、友祐は「2つなきゃ嫌だ。絶対嫌だ」と言う。2人にとって、相手はめざすものやイメージを共有していない他者として存在している。秀司は、何とか友祐を説得しようとする。「それじゃあ、いっぱい売れないよ」「お店っていうのは何でやるか分かる？」「人を集めるためだよ。人を集めて売るためにやっているんだ。このクラスのどのお店も、いっぱい売るために人を集めているんだ。世の中のお店だって、人を集めていっぱい売るために休日だってお店してるんだ」と秀司は正論を展開する。だが、友祐は「でもやだー。絶対嫌だ」の一点張り。そして、「売れないのとゴム外すんだったら、売れない方がいい」とまで言う。結局、この日は2人の話し合いはすれ違ったままであった。
　翌日、前日の問題があったので、私は「秋屋さん」の活動の様子に気を配った。秀司がゴムでつながれた机の間隔を離そうとすると、友祐が怒る。秀司は、しばらく意欲を失ったように何もせずにいる。時々、「他の店はみんな200円とかなの。この店は全部100円より高い物はないんだよ」「レジは誰がするのかな？」などとつぶやいている。彼は家で紙粘土でつくってきた品物に40円の値を付けていた。「安くたくさん売る」をモットーにしているようだ。店をどう切り盛りするかも、見通しをもって活動しているだけに気になってきたようだ。
　一方、友祐は青い折り紙を出して奴さんの上半身をつくり始めた。先日の千羽鶴をつくる活動では、彼は人が折った鶴を運ぶだけで自分で折ることはなかった。友祐がそれをストローに付けて旗のように振ると、それを見た秀司が「ねえ、友祐君がすごい発明品つくったの。見て、お正月とかに上げるやつ（奴凧）みたいでしょ」とそのアイデアを褒める。秀司は、その日の作文にも次のように記した。「友祐君のアイデアにさんせいしました。それはやっこのはたぼうやです。たのしいものをつくるじゃんとほめた。ほんとうにいいものだった」。秀司は、人の異質性に基づく個性の発揮への共感性がとても高い。自分では思いつかないこと、できないことを人がすると、素直に驚き、褒め、認めようとする。
　秀司と友祐は、めざすお店やイメージは共有し合っていないが、秀司が友祐

の生み出した商品のアイデアを認めることで、お店としての活動が一歩前進したのである。秀司のこうした態度は、「共生の作法」として大人の私も学びたいと思った。

　友祐はこれで気をよくしたのか、「袴もつくってみたら」と私が促すと、本を見ながらつくり始めた。そこに萌が来て正しい折り方を友祐に教えてくれる。できた袴を友祐が上半身にガムテープで付けようと苦労しているので、私が適当な幅にちぎって渡した。

　秀司も奴をつくり始めるが、「ぼくは友祐君と違うものをつくるんだ」と自分なりの工夫を試みている。一方、友祐は自分と秀司のを見比べて「これでいいの」と言う。お互いに影響し合いながらも、自分らしさを追究しようとする関係を大切にしたいものである。

　翌日、秀司は三面体をつくり、友祐は奴に顔を描いている。秀司が「ねえ、この奴さんにも顔を描いておいて」と言うと、友祐は「違うの。これは奴さんじゃなくて提灯なの。だから顔はいらないの」と答え、かみ合わない。だが、奴さんの形をつくって商品にするという意味では重なっている部分もある。友祐が秀司の道具箱につくったものを入れると、秀司は「ここからここまでは奴さんと提灯で、ここからは三面体にしよう」と投げかけ、先の友祐の言葉をそのまま受容している。違いを違いのまま生かすという発想である。

　友祐が奴を変形して椅子をつくっていると、それを見た秀司が「すごーい。それどうやってつくるの？　あー、ぼくそれ知ってる」と言う。すると友祐が「机もつくる」と言う。それを受けて、秀司が「じゃあ、机と椅子セットにしよう」と活動を発展させている。

　また、秀司が友祐に「あのね、ぼく昨日から奴さんとか自分でつくれるようになったよ」と言うと、友祐は「ぼくね、昨日小田急線の新宿から箱根までの駅の順番覚えたよ」と返し、昨日したことでは同じだが内容が重ならない会話を互いに否定もせずにしている。

　しばらくすると、秀司が私に「ねえ、友祐君がまたすごいのつくったんだよ」と言う。友祐は、折り紙でつくった額の中に電車の絵と東急新玉川線の駅

名を漢字で記した路線図をつくってきたのである。秀司も「ぼくもやろう」と東急世田谷線の路線図と電車の絵を描き始めた。友祐にとって、自分の好きなことをよさとして共感し、自ら取り入れようとしてくれる秀司の存在はとても大きいと思われる。

秀司はカップの中に輪ゴムを入れて、「『ご自由にお取り下さい』って書くんだ」と言う。日頃から身近な社会的事象に関心をもっていることが伺える。友祐は、買ったばかりの手帳を見せながら電車の話をしている。そして、秀司に手帳を見せて「ぼくはかわいいとかじゃなくて、いっぱい電車が載っているからこの手帳にしたんだ」と言う。秀司も「ぼくのお母さん、電車の路線とかかいてあるハンカチ持ってるよ」と答えるが会話は続かない。

さて、友祐は折り紙で帽子をつくるが、一方の端を留めるテープが見当たらない。反対側から折るとボロボロになってしまう。すると友祐は「これは売れないなあ」と言う。彼の言葉にも「お店で売る」という意識が見とれるようになってきた。友祐が、つくったものをどんどん秀司の道具箱に入れていくので、秀司が「友祐君も机の上に何か置いて、お店やさんというふうにしてよ。自分の道具箱とかあるじゃん」と言うと、友祐は「秀司君の道具箱がいっぱいになったら、ぼくのを使うよ」と答える。入れ物を共有するということから、2人の活動と意識の重なりができつつあることが分かる。

(3) 問題場面の発生

「秋屋さん」の活動が軌道に乗ってきたと考え、私は他のグループの援助に回った。これまで、「秋屋さん」の2人の活動の様子を詳しく紹介してきたのは、私が2人の側にいて見守ってきたからである。

この頃、他のグループでも問題場面が生まれた。グループを抜けたい、他のグループに入りたいという動きである。由子が「秋のきせつや」を抜けて「秋のきせつのまほうどう」に入りたいと言う。数日前に、将史から話し合いで「（グループを抜けるのは）困るのでやめてほしい」という意見が出され、「どうしてもかわりたい場合には、抜けるグループと入るグループにしっかり話し、

お互いに納得してから」ということが確認されていた。由子がグループをかわりたい理由は、「玲美がつくっているようなものをつくりたい」ということだった。背景としては、同じグループ内で自分の思いと違うことを友だちから「〜して」と言われるということもあったようだ。由子は、「秋のきせつのまほうどう」のメンバー全員から承諾をもらって移ることになった。すると今度は、「秋のきせつのまほうどう」の美香子と茉莉が抜けると言い出した。抜ける理由は、一人で活動している「土火土火２」の真美がつくっているようなものをつくりたいということであった。その背景として、由子が入ることでグループ内の人間関係に変化が起こるため、それを避けたのではないかと思われた。

　始めに決めたグループで最後まで活動することも考えられるが、そういう場は普段の班での活動や当番活動でも経験できる。子どもたちが自らの願いや求めに応じ、興味に応じて活動内容を選び、決め、形にしていくことや、自らが力を発揮できる居場所や人とのかかわり方、距離感を、試行錯誤しながら見つけていくことも大切な学びであると考える。

（４）秀司と友祐の問題場面の解決

　「秋屋さん」でも問題場面が発生した。２人の願いや求めにズレが生じ、活動が暗礁に乗り上げたのである。秀司は次第にお店で「売る」ということを意識し始め、友祐に自分の思いを投げかけた。

秀司「こんなとこでやっても売れないよ」
友祐「いいの。ここでいいの」
秀司「どっかと合体してみなきゃ売り上げ上がんないよ」
友祐「やだ。好きじゃない」
秀司「他のグループと一緒にやらなきゃ売れないよ。前の時もうちが一番少なかった。人数が少ないから売れなかったんだ。大きいところはすごく売れてたもん」
友祐「少ない方がいいんだよ。やだ」

秀司「何で嫌なの？ちゃんと言ってよ」
友祐「秋屋さんが好き。秋屋さんがいいの」
秀司「名前は変わってもいいじゃん。他のお店の方がいいお店だったらいいじゃん」

　秀司はお店を開く目的として売り上げを上げることを重視しているが、友祐は自分の「いい」「好き」という感覚を大事にしている。

秀司「友祐は、売り上げが上がんなくていいの？」
友祐「ちがうけど……」
秀司「じゃあ、合体してもいいの？」
友祐「いいけど……、秋屋さんじゃなきゃやだ」
秀司「じゃ、どんな名前か聞いて来よう。そうしたら秋屋さんにしてくれるかもしれないし」

　２人で聞きに行くが、「つくねおでんやさん」という店名を変える気はないと言われる。困った秀司が友祐の手を取り私の所に相談に来た。話を聞いて、私は友祐に尋ねた。

私　「名前を『秋屋さん』にしてくれるなら、合体してもいいっていうことなんでしょ？」
友祐「合体はいいけど名前は『秋屋さん』か『秋みやさん』か『秋の電車屋さん』がいい」

　それを聞いた秀司は「また電車なの？」とうんざりしている。
　秀司は「ここ（教室の前の出入り口付近）の場所は、売り上げが高い。銀行に近いからなんだ。場所で売り上げが大体決まっちゃうんだ」と、店の立地条件も気にしていたが、友祐に他の店との合体について投げかけた。だが、友祐は

「やだ。恥ずかしい。……ねえ、もういいからお店の準備しようよ。今は準備の時間だよ」と取り合わない。秀司は「話し合いだって、ちゃんとこの時間にするものだよ」と返す。すると、このやりとりを聞いていた英夫が「うちのところに入れてあげてもいいよ」と助け船を出す。私も友祐に本当に店名を変えるのだけが嫌なのか、合体しないで２人でやりたいのではないかと確かめた。すると、合体はよいと言う。友祐があくまでも店名を変えるのを嫌がり、「話し合いつまんない。準備しよう」と言うので、秀司も「話し合いつまんないじゃない！いつもやだやだばっか言って、話し合いになんないんだもん」と怒る。

秀司「ぼくが合体したいのは売り上げのため。ひとりでやった時、ひとりだったからすごい大変だったけど、すごい工夫したからすごい売れたんだ」
友祐「少ない方がいいんだよ」
秀司「100個ぐらいつくって場所もよくて、そうしたら売り上げも上がるかも」

　どうやら、２人がイメージする店はかなりズレがあるようだ。お客をたくさん集めて、多くの商品をたくさん売る店をめざす秀司と、客や売り上げは少なくても自分の好きなように商売をする趣味の店にしたい友祐。だが、一番の問題は店名だ。秀司が「秋のなんでもや」に聞きに行くと、合体はよいが「秋屋さん」という店名を入れるのには難色を示した。さらに、友祐も「秋屋さんコーナー」というのも嫌だと言う。秀司はさすがに、「もういいよ。ぼく、抜けるからね！」と片付け始めてしまう。友祐も「やだー」と言って立ち尽くしていた。彼自身もどうしたらよいか分からなくなったのだろう。以前の彼なら一人になっても気にせずに活動を続けていたかもしれない。だが、今回は秀司に抜けられるのは本当に嫌なようだ。店の商品づくりでは秀司とともに活動を進展させていたことが、彼の心に変化をもたらしたのだろうか。この頃、友祐は休み時間や放課後に５人ほどの友だちと正門脇の植え込みで「ひみつきち」遊びをしていることも影響しているのではないか。彼にとって「人とともにいる

こと」のよさが意識されてきたように思う。
　私が説得しても友祐は「コーナーは恥ずかしい」と言い張っている。すると、秀司が友祐の側に来て話しかけたかと思うと私の所に来て、「うっちゃん、他の呼び方がいいって。何かない？」と聞いてきた。私が「『秋みや支店』は？」と言うと、秀司は友祐の所に行きそれを伝えている。そして再び戻って来て「それならいいって！」と報告する。その後、2人で「秋のなんでもや」の所に行き、交渉し認めてもらった。早速、2人は机を動かしていく。

秀司「ぼくたち、どこに座ればいい？」
洋　（秋のなんでもや）「うーん、ここに2人かな」（銀行のすぐ横の場所を示す）
友祐「ぼく、銀行の横がいい」
秀司「邪魔になるよ」
友祐「ぎりぎり大丈夫なの」
秀司「もう終わり！片付けよう」

　この問題場面の解決に向けた取り組みは、「お店やさん」という活動を考える上でも、子どもたちの「人とともにいること」について考える上でも、私のかかわり方を考える上でも、いろいろと教えられた。それにしても、秀司の「お店やさん」に向かう意欲と姿勢、友祐との粘り強い向き合い方、受容的な態度は「共に生きる」モデルになる。子どもとともにつくる中で、私はしばしば子どもの優しさや正義感といった人間性に心を洗われる思いをしてきた。子どもは「共に生きる」上で高い資質・能力をもっているのだと思う。

4　本物らしさの追究へ
（1）みんなで話し合って見通しをもつ
　子どもたちから、「お店やさんいつやるの」という声が出てきたところで、活動の進み具合の確認とこれからの見通しについて話し合った。先月、「どん

なお店にしようか」を相談した時の板書記録を見ながら、将史の「お店らしくしたい」や美香子の「本物のお店らしくしたい」について、この後どうするか子どもたちに問いかけた。その時に将史が出した「かんばん」や「ならべ方」を取り上げると、次のような考えが出された。

実里「チラシをつくったらいい」
咲良「チケットを配る」
直也「ビラを配る」
陸人「ポスターを貼る」
萌　「大きな看板をつくる」

　子どもたちの考えは、日常生活の中で目にするものであり、お店の人に着目したものではない。そこで、前に秀司が家の近くのスーパーや魚屋さんのおじさんのかけ声を取材し、活動に生かしていたことを紹介した。そして、より本物のお店らしくするために、子どもたちが遠足のお菓子を買いに行った学校の近くのエーダンモール商店街に取材探検に行くことを提案した。すると、実里が自分の家の近くにもいいお店があると言うので、みんなにもいいお店があるか尋ねてみた。

将史「ぼくが前を通ると声をかけてくれるパン屋さんがある」
颯太・直也「声をかけてくれる八百屋さんがある」
咲良「うちの近くのダイエーでセールをやっていた」
文子「でかでか声の八百屋さん」
茂雄「近くのお祭りでお店がいっぱい出て、おまけしてくれた」
由子・勇次・啓・颯太「おまけしてもらったことがある」
将史「売れ残りをただにしてくれたり、安売りしたりしている」
陸人「買い物をすると、賞品をくれた」
優美「試食させてくれるお店がある。お兄ちゃんが食べていた」

自分の家の近くの店を取り上げると、子どもたちは結構店の人とかかわっているようだ。取材探検に生かしたい視点である。さらに、前に悠太らがお店やさん全体の飾りをつくってくれたことを紹介すると、悠太や友祐からエーダンモールにも入り口の所に飾りがあるという発言があったので、それも見て来ることになった。

　次に、お店をいつ開くか決めた。誰をお客さんに呼ぶか尋ねると、子どもたちは１年生や教育実習の先生たち、２年生、お世話になった６年生、家の人を上げた。また、私から研究発表会に来る知らない人たちに売ってみたいか聞くと「やったことがないから売ってみたい」と言うので、参会者の方々にもお客さんとして売ることになった。カレンダーに整理すると、次のようになった。

表2-1　お店やさんカレンダー

11/8(月)じゅんび	9(火)エーダンモールたんけんじゅんび	10(水)じゅんび	11(木)じゅんび	12(金)お店①研究発表会の先生方	13(土)	14(日)
15(月)じゅんび	16(火)じゅんび	17(水)お店②１の１１の３	18(木)じゅんび	19(金)お店③２の１２の３	20(土)じゅんび	21(日)
22(月)お店④１の２家の人						

（２）商店街への調査探検

　学校から徒歩10分ほどのエーダンモール商店街に、調査探検に出かけた。
　まず、「第１部　調査」である。子どもたちは今まで気に留めていなかったエーダンモールの案内表示に「あっ、看板だ！」「あそこにも」と声を上げていた。街灯から下がっている商店街のマークのついた旗を数えている子どももいる。子どもたちは思い思いに店をのぞき込んでは、「見つけたよカード」に発見したことを書き込んでいた。店の人に質問したり、いろいろと教えてもらっている子どももいた。

```
真美のカード
やおや　大きなかんばんとやさい　　　　　やっきょく
　①大きな台にいっぱい売るものをおいている。　①やすく。
　②大きな台の前にもやさいがいっぱい。　　　②ねだんを見せる。
　③ねだんを書く。　　　　　　　　　　　　　③音楽があると気分がいい。
　④いろいろなものをおく。　　　　　　　　　④お店を楽しく。
　⑤スマイル。　　　　　　　　　　　　　　　⑤おれい。
　⑥一つ一つきれいにならべる。　　　　　　　⑥あいさつ。
　⑦かざりつけてまわりをきれいにする。　　　　　　本物のお店はすごい！！
```

```
藍子のカード　　　　　　　　　　　　　　英子のカード
うなぎや　本日のサービス　　　　　　　　スーパー　きれいにならべる。
まつ山電気　ドアに「いらっしゃいませ」　　　　　　ねだんをやすくする。
カメラや　ぶら下げてある。　　　　　　　パンやさん　店の前において目立ちました。
まつ本　「日本一おいしいコロッケ」　　　　かけごえ　「ありがとうございます」
ようふくや　「おすすめひん」　　　　　　　　　　　「いらっしゃいませ」
スーパー　袋をぶら下げてある。　　　　　　　　　　「これやすいよ」
にくや　しんせつにこえをかける。　　　　　　　　　「こんにちは」
```

　「第2部　買い物をして調査」は、班ごとに実際におやつの買い物をして、お店の人とのかかわりを通して発見しようというものである。買い物をした時に店の人が何と声をかけてくれるかが、自分たちがお店を開いた時にお客さんにどう対応するかというお手本になる。子どもたちは真剣なまなざしでお菓子を選びつつ、店の人とかかわって気づいたことを仲間と伝え合っていた。
　学校に戻って、発見したことを発表し合った。
　「ならべ方」では、次のようなことが出された。

有希・亜沙「八百屋さんで、並べてある札に『甘い甘いみかん』とか一言書いてあった」
優美「段をつけて並べていた」
実里「その上に斜めに見やすく並べていた」
薫・啓「分けて並べてある。果物、野菜、花とか」
直也・育男「同じようなことだけど、同じものをまとめている」

康司・勇一「似ていて、種類で重ねてある」
美保「フックにかけて回るようになっているものがあった」
茂雄「カップラーメンとか外で山盛りになっていた。賞品が当たるって書いて
　　　あった」

　どの子どもも細かいところまでよく見ている。
　「お店の人」について発見したことも出された。

颯太「スーパーで袋に入れてくれた」
陸人「八百屋さんがお年寄りに親切にしていた」
有希・美香子「肉屋さんが『おす！』って声をかけてくれた」
颯太・咲良「『こんにちは』って言われた」
真美「買ったら『ありがとうございます』って言われた」
英子「『また来てね』って言ってくれた」

　自分たちの体験だけでなく、陸人のようにお年寄りとのかかわりをとらえる目も素晴らしいと感心した。店の人の接客をじっくり観察していたのだろう。この他、前ページの子どもたちのカードの記述には、真美の「スマイル」のように「よく見ているな」と感じるものがかなりあった。

（3）観察したことを実践する
　子どもたちは、商店街という社会に出て行き、そこで店の人の仕事を観察して自分の活動に取り込もうとしている。子どもたちは身近な大人の姿をモデルに、人とのかかわり方や仕事の仕方を学んでいくのである。
　翌日、有希が商品を入れる箱を持ってきて見せてくれた。「少し段々になっているんだよ」と、調査した八百屋さんの品物の並べ方を早速生かしている。次の日には商品を箱の中にきれいに並べ、品名と値段を書いていた。
　開店前日、朝の会後にみんなで折り紙で財布を折り、300円分のお金を切っ

て入れた。子どもたちは、お客さんが300円を持って買い物に来ることを前提にして商品に値段をつける。また、お客さんも300円の範囲内で品物をしっかり見て買い物をする。

いよいよ本番。開店時刻になると、銀行マンの陸人がお客さんにお金の入った財布を渡す。初対面の大人に売るのは初めての子どもたちは、いろいろと質問もされて苦労したようだった。だが、160個用意した財布がほとんどなくなったので、空前の賑わいの上、売れ行きもよく充実したお店やさんとなった（60ページの「総合学習 学習活動案」参照）。

秀司は水を得た魚のように、生き生きと大きなかけ声でお客さんにアピールし、大張り切りで売っていた。その日の彼の作文である。

> 今日は、本番のお店でした。全国の人がきた。やく千人の人がきた。さいしょは、うたとおどりをやった。つぎに、お店のしなものならべや、じゅんびをした。もちろんお客さんは、ぼくたちが作っているのを見てくれた。ぼくは、どうやって作っているのかをきかれた。ぼくは、こう答えた。「紙ねんどにえのぐをまぜて、かたでぬいたものです。」と言うと、「きれいですね。」と言ってくれた。ぼくは、すごくうれしくて、ますますやる気になっていた。いろいろなお客さんに、何回もきかれた。
> つぎは、本番の本番のお店です。むねがドキドキした。かい店の10時10分、さいしょからぎょうれつをつくった。そのときは、とてもうれしかった。一人の男の人が、おとうとにあげるから二つ買ってくれた。ぼくが20円ですと言うと、「やすいね。」と言われた。ぼくは、もしかしたらいっぱい売れるかもと思った。うれしかった。どんどんどんどんなくなった。おしまいに5こクリスマスのかざりがのこった。大介くんとどうするかきめた。もうのこり少ないし、ただであげちゃおうかと言って、そこらへんのびじんのおねえさんにきいた。そしたら「ちょうだい。」と言われた。うれしかった。ぼくは、ほかにもけん玉やさいころやいろいろなものをつくった。ほんとうは、けん玉がさいしょに売れて、一番自信さくだった。
> エーダンモールへ行って、しなもののならべかたやねふだに一言かいてあることがわかった。そのことでまた一つべんきょうになった。お店のものも全ぶ売れてよかった。ぼくのお店の合計は、7000円だった。1年1組と1年3組のときは、もっともっと売れるといいんだけどな。がんばるぞー。

2年2組　総合学習　学習活動案

| 内山　担任もお店を開き子どもたちを見守りながら必要に応じて活動を支える。 |

森のゆかいな仲間とうっちゃんのお店

土火土火2

| 15　黙々とつくりつづけていたが、お客さんとかかわりを通して、喜びを感じてほしい。 | 18　折り紙に自信がついてきた。お客さんの賞賛でいっそうの喜びを。 | 14　何種類かの折り紙とねん土を売る。自分でお客さんに声をかけて売ることができるか。 | 7　前日欠席。全体の飾りもつくっていた。教師も一緒に飾り付けをして、気持ちを盛り上げたい。 |

秋のいろいろや

| 33　一人でがんばっている。そばで声をかけながら自信を持って売ることができるようにしたい。「スマイル」に注目 |

| 40　工夫を凝らした品物が多い。つくるものではグループをリードした。クラスにも慣れ、自分らしさをどれだけ出せるか注目 | 37　ものづくりや絵を描くことが大好きだが、売る段になると表情、態度が固まってしまう。このグループで今回はどうか。 | 39　やはり少人数の方が落ち着くのか。値札に一言書いていたので、並べ方に注目したい。 |

秋のきせつのまほうどう

| 26　お店を楽しみにしている。発見してきた並べ方や声かけを自分でもできるか。 | 38　お店の人の親切さに注目した。自分自身のお店の人としての行動につなげられるか。 |

〈予想される本時の展開〉
1．お店を開く準備をする。
　・品物の並べ方を考えよう。
　　きれいに　お客さんに見やすく　まとめて
　　値段をわかりやすく　値札にひとこと
　・看板を目立つように置こう。
2．「秋のわくわくしょう店がい」を開く。
　・お客さんに声をかけよう。
　　すすめる　あいさつ　お礼
　・すばやく計算しよう。
　　おつりを間違えないように
　・スマイルで
　　お店をたのしく　親切に
3．お店を閉める。
　・使ったものを片づける。
　・使った場所をきれいにそうじする。
4．活動を振り返って、問題点やよかったことを出し合い、どうすればよいか話し合う。
〈よかった〉
　・たくさん売れた。
　・お客さんが喜んで買ってくれた。
　・「きれいだね」「いいね」と言ってくれた。
〈よくなかった〉
　・品物がごちゃごちゃしていた。
　・品物が足りなくなった。
　・緊張してお客さんにうまく言えなかった。

| 34　前日いろいろやから移る。調査でたくさん発見したことが、新しい店でどれだけ生かせるか |

| 9　最近、ものづくりでも31と充実した活動を展開している。お店の人になりきって、よく声を出しながら売るだろう、 |

秋のきせつや

| 16　じっくりと活動を味わって、後の話し合いで、課題提示をするだろう、 |

| 27　34と移ってきた。自分で材料や用具を用意して、しおりをつくっていた。調査で発見した「売れるこつ」をどう生かすか |

| 10　創意工夫を楽しみながらつくっていた。ディスプレイにも一工夫あるので、こういう点からお客さんとのかかわりが生まれるとよい。 |

| 31　ここ2日ほどは、9とどんぐりに穴を開けてこまをつくっていた。調査でもたくさん発見してきたので、どう生かすか注目したい。 |

| 12　「お店をひらきたい」と提案する。「エーダンモールたんけん」は欠席したが、友だちの様子を見て工夫するだろう。 |

| 29　アイデアでも材料でも、グループを引っ張る上の2人も29に引かれて入ったろう。全体を見て課題点を出してくるだろう。 |

| 19　少しずつ調子が出てきて、この頃は木の実で小さな人形などをつくっていた。調子をつかめばお客さんへの声かけもできる。 |

| 5　9のへびくんに引かれてはいる。おそらくへびくんをセールスマンになって売って歩くのではないかと思う。 |

| 32　このところ積極性が出てきた。お客さんに声をかけて売ることができるか。 |

| 23　同じグループだが、やや離れて店を開く。このあたりの心理を探りたい。 |

| 30　クマのぷーさんの石けんデコパージュは自信作。「お客さんにひとこと」かけられるか。 |

東京学芸大学教育学部附属世田谷小学校
2年2組40名（男子20名、女子20名）
授業者　内山　隆

8 前日も売るものをつくってきたので、大張り切りだろう。お客さんにもどんどん声をかけて売る姿を見て、友だちにも影響を与えられるとよい。	〈本時の目標〉これまでにつくりためてきたものを、店の人になって並べ方や売り方を工夫しながら、お客さんに積極的に声かけをして売る。そして、うまくいったところやいかなかったところを出し合い、どうすればよいか考え合う。

けいきのいいぎんこう

秋のなんでもや＋秋みや支店

17 くじ引きやホッケーなど、ゲーム的なものをお客さんにうまく説明しながら取り組むだろう。	4 折り紙でつくったくす玉などを中心に売るだろう。お客さんに愛想よく声をかけられるか。
3 ねばり強くつくった紙ねん土のカービィやどんぐりのホットスタンドを売る。並び方もきれいなので、お客さんとのかかわりを通して自信を持ってほしい。	20 折り紙でつくった大小のくす玉や多面体を売る。お客さんにハキハキと対応できるかに注目したい。
11 照れながらもお客さんに声をかけながら元気に宣伝をするだろう。興奮しすぎないように声をかける。	6 がんばってつくったくす玉や人工衛星を売る。お客さんに挨拶の声かけができるか。
	2 つくったものは少ないが、お客さんには積極的に声をかけて得ることができるだろう。

〈秀司〉
1 時として思わぬ役者ぶりを発揮する。けん玉の実演など、アイデアを働かせて注目を集めるだろう。

〈友祐〉
13 「乗り物で働く人」にはなりきれるが、人との接触や人混みを好まないので、常に気を配っていた。友だちに気持ちがうまく伝わらないときには、間に入って橋渡しをする。

くすだまや

25 前日に2人抜けたが自分のつくったものに自信を持っている。滑り出しを見守りたい。

・自分が忙しいのに手伝ってくれなかった。
・「あれして」「これして」と言われた。
↓
・2回目に向けて、どのようにしていけばよいだろう。
「品物の並べ方は」きれいに並べよう
「お店の人は」もっとよく声をかけよう
「かんばんは」もっと目立つようにしたい
お店の仲間とよく話し合ってやっていこう

〈教師の手だて〉
①1と2の始めのうちは、「秋みや支店」と「秋のいろいろや」が活動に乗れるか見守り、気持ちの面で支えていく。また、前日欠席だった「くすだまや」の7についても気を配る。
②1の準備のときには、教師の店も用意をしておき、子どもたちが品物を並べるときの参考やヒントになるようにする。
③2では、子どもたちの表情や仲間とのかかわりの様子、お客さんとのかかわりの様子などに注目する。
個々の子どもについては、座席表に記した視点で見守り、必要なら活動を支える。
④3の片づけでは時間の見通しをもてるように声をかける。
⑤4では、個人についての問題の指摘に終始しないように、みんなの問題として取り上げ、次につながるように進める。
⑥時間に余裕があれば、作文を書く時間をとる。

| 36 石けんの並べ方を調査を生かして工夫している。お店の人になって、一生懸命売るだろう。 | 22 調査で「かけ声はっけん」発見を売り方に生かせるか。 | 28 一生懸命どんぐりに手を加えてつくっていた。どのように売るかみてみたい。 |

秋のカーニバル

| 35 調査での発見は少なかったが、どのように品物を並べるか。 | 24 工夫しながらいろいろな種類のものをつくっている。細かい発見をしているので、売り方に注目 | 21 アイデアの宝庫。愛着のあるどんぐり船をどのように売るか。 |

〈本時の評価〉
○調査したことを生かして、品物の並べ方や売り方を工夫しながら店の人になって活動できたか。
○話し合いで問題になったことについて、どうすればよいかを考えることができたか。

第2章　「人とともにいること」を経験する

秀司が初対面の人にも臆せず、言葉のやりとりを通して活動への意欲を高めながら取り組んでいることがよく分かる。クラスでテーマを共有する協働のプロジェクトで、一人一人の子どもが仲間の思いにふれ、ズレや問題場面に直面しながら、自分とは異なる他者として互いに認め合い、自らの願いや求めを実現していく。「人とともにいること」の作法とよさを実感的にとらえていく学びは、学校で本当にすべきことの一つであると考える。

第3章

個のよさが生きる学級・授業と「この子の物語」
3年生「エーダン商店街に行こう」

　ここでは、一人一人の子どもにとって学級・授業が「出現の空間」となることをめざし、個のよさが生きる学級・授業のあり方を「この子の物語」を綴ることを通して述べる。

1　個のよさが生きる

　「個のよさが生きる」ということをどうとらえるか。私は、かつて社会科教育連盟の低学年部会で「個のよさが生きる生活科学習―学級づくりとのつながりを明確にして―」という研究テーマに取り組んだ。そこで、テーマ設定の理由について次のように述べている。

>　「一人一人の子どものよさ、つまり活動や体験に取り組む、その子どもの思いや願い、こだわり、見方・考え方、表し方、学び方などが生きるようにしていくことが大切である。子どものよさは、限られた一教科の中だけではなく、その子どもの学級での生活の中で仲間とのかかわりを通して発揮され、伸ばされていく。教師は、子どもとともに学級づくりに取り組む中で、幅広い視野から一人一人の子どもの在りようを見つめ、その子どものよさを十分に発揮できるように、また、自らのよさに気づき、自信をもてるように支援していくのである」（社会科教育連盟低学年部会「個のよさ

が生きる生活科学習―学級づくりとのつながりを明確にして―」社会科教育連盟『自分とのかかわりを大切にして学ぶ子どもが育つ授業の創造』研究紀要第46号、1992、p.7）

　学級という公共空間の中で、一人一人の子どもの思いや願い、こだわり、見方・考え方、表し方、学び方はかけがえのないものであり、それを発揮することがかけがえのないものとして受けとめられることが、序章で述べたアレントの「出現の空間」であるととらえると、そこでの一人一人の学びのストーリーもまたかけがえのない「物語」である。教師は、一人一人の子どもが「出現」し、その子の物語を生み出せるように単元計画や学習指導案に位置づけ、手だてを講じるのである。

2　子どものこだわりや疑問が生きる展開計画づくり

　3年1学期の「学校の周りを探検しよう」という単元において、子どもたちと学校の周りを探検することから導入して商店街へと展開し、そこから子どもたちが生み出した疑問を追究していくことにした。この追究の方向を考えてみると、社会科で3年生に学習してほしいことの多くが含まれている。つまり、学校の近くの商店街における消費活動をもとに商業や生産の様子、他地域とのつながり、移り変わりなどに目を向けながら調査や問題場面の解決を繰り返していくことを通して、地域社会や自らの暮らしを見直していくことができると考えたのである。

　次ページのような学習展開計画を作成し、それに基づいて授業づくりをしていった。実践部分は実際の子どもの考えを加筆し、必要な修正を加えていく。その後の展開についても、事前に修正できる部分は随時修正し、より一人一人の子どもの考えが展開計画に位置づき、生きるようにしていくのである。

　このように、子どもの問題解決のプロセスに即して学習展開計画を作成、修正することで、個のよさが生きる場を見通しておくのである。

3年2組　社会科〜総合学習　学習展開計画（第3次案）（抜粋）

エーダン商店街に行こう

［単元目標］
1. エーダン商店街の探検や買い物を通して疑問やこだわりをもち、調べたり話し合ったりしながら、事象の背後の意味（売り手や買い手の工夫、生産や流通などの他地域とのつながり、地域の様子や移り変わりなど）を発見したり自分の生活を見直したりする。
2. 自分の考えや調べたことをノートや地図などの適切な方法で表現する。

［展開計画］（○数字は時数を表す）

|1．3年生になってしたいことを話し合おう　①|
◇学校の周りを探検したい。
　○学校の近くの商店街へ行きたい。
　　・どこに何のお店があるか調べたい。　・何屋が多いか調べたい。
　　・売っているもの、名前、値段を調べたい。　・人気のあるお店を探す。
　　・食べ物を決めて、どこのお店が一番おいしいか調べたい。
　　・店がいつできたか、どんな歴史があるか。　・グループで調べたい。
　　・絵地図をかきたい。

|2．エーダン商店街に行ってみよう　②|
◇エーダン商店街で自分の調べたいことを調べる。
　○どんな物を売っているか。
　○何がいくらで売られているか。
　○どこの店の何がおいしいか。
◇調べたことをノートにまとめて、友だち同士で見せ合い一言感想を交換する。
　○どんな店があったか絵地図に表す。
　　・何屋さんか記号を決めて表そう。
　○売っている物や値段を表にまとめる。

|3．どこに何のお店があるか分かるようにしよう　①|
◇エーダン商店街の床地図をつくる。
　○エーダン商店街の道をつくる。
　○自分たちが調べた店をカードに書き、その場所に貼る。

|4．つくった地図を見て、研究生のお別れ会のおやつを買いに行こう　③|
◇グループで相談しながら、エーダン商店街でおやつを買う。
　○スーパー玉秀で買おう。
　○金子商店が安いよ。
　○だがしやも安いよ。

|5．どこのお店がよかっただろう　①|

◇おやつの買い物をして、どこのお店がよかったか話し合う。
　　○エーダンモールは安い物ばかり。
　　○だがしやはとても安い。
　　○特に金子商店が安い。
　6．どうしてスーパー玉秀は高くて、だがしやや金子商店は安いのかふしぎ　⑧
◇上の問題について、みんなで考えを出し合う。
　　○売っている物が違うのではないか。
　　○値段のつけ方が違うのではないか。
　　○お菓子を作っている会社が違うのではないか。
　　○買いに行く人が違うのではないか。
◇スーパー玉秀と金子商店のお菓子を比べてみる。
◇実際に行ってみないと分からないことを調べに行く。
　　○どんな人が買いに来るか見てみよう。
　　○値段をどうやって決めるのか聞いてみよう。
　7．お菓子の値段はどのようにして決めているのだろう　④
◇玉秀は本当に高いのか話し合う。
◇玉秀に聞きに行く。
◇金子商店で「3つのなぞ」を調べる。
　　○だがしやも問屋を通しているのか？
　　○袋に書いてある値段で買えるけど、もうけの値段はどうなのか？
　　○向上でもすごく安く売っているのか？
◇問屋はなんで袋の値段より安く売っているのか。
　8．なんで問屋があるのだろう　④
◇工場－問屋－小売店－消費者までどのように届くのか考える。
　　○生産から販売の流通ルートを予想する。
　　○どうやって調べればいいか考える。
◇森永製菓の鶴見工場を見学して調べる。
◇問屋で調べる。
　9．自分で調べたいお店を決めて調べてみよう　⑬
◇これからの学習の進め方を考える。
◇自分の調べたい店を調べて発表し、問題になったことを話し合い、さらに調べる。
　　○和菓子屋さんの売る工夫調べ
　　○手作りと売っているアイスクリームの値段比べ
　　○とうふ屋調べ
　　　「どうして夏と冬は200個作って、蒸し暑い時は180個なのか？」
　　　「お母さんはどうして遠いのにスーパーで買うのだろう？」
　　　「実際に比べっこしてみない？」
　　　　　　　　　　　　　　　　　　　　　　　　　　　　　　　　　　以下略

3 「この子」が生きる授業──浩と暁夫のとうふ屋調べ物語──

（1）浩が生きる展開計画の修正

　浩は運動能力に優れ、体を動かす活動が得意である。係活動ではスポーツ係として、仲間と集会を企画・運営していた。私は、彼の活動的な面が調べ学習などに発揮され、学級の仲間の中に彼のよさとして位置づく場をずっと探っていた。「探検」が可能性が高いと考えていたが、展開計画にあるお菓子をめぐる調べ学習では、まだ動きはなかった。

　学習が一段落し、英司の「ちがう店を調べたい」という声をきっかけに、今後の展開を相談することになった。子どもたちの調べたい店が多様化していたことと、浩が自らの興味・関心に即して調べ、発表する場を保障したいと考えたことから、調べる対象を始めに絞らず、多様な調べ活動を展開しながら追究の視点を焦点化していくことにし、展開計画を修正した（展開計画の9の部分）。

　浩は、とうふ屋を調べるということであった。たまたまお母さんとお会いした時にその話をすると、「家の近くに顔なじみのとうふ屋さんがあり、浩もよく買いに行く」ということだったので、これは彼にとって最適の教材になりそうだという期待が高まった。

（2）動き出した浩と支援する仲間、教師

　浩は、暁夫と一緒にとうふ屋に調べに行った。調べに行く前に、彼は「ぼくはおとうふ屋さんにあした調べに行って、どうしてやわらかいのかを調べて、あーちゃん（暁夫）と発表する」とノートに書き、買い物などの経験から「どうして……」という問いかけをもち、調べようという意欲を見せている。

　そして、浩はとうふ屋に行き、とうふの作り方を調べてきた。ノートに「豆じるに、にがりを入れてかためる。にがりは海水から作る。長四角のケースにぬのをしき、かたまりかけた豆じるを入れる。このとき、水をきって入れると、上と下でかたさがちがってしまうし、たいらになるように入れないとかたさがちがってしまう。おもしをして水がきれたら、ぬのをひっぱって、とうふ

にしわができないようにする。これを何回もやる。かたまったら水の中でとうふを出し、とうふを切ってひやす」という詳しい記述がある。とうふの柔らかさと水に対する問題意識の表れであろう。

　調べたことを発表して質疑応答した後、彼は学習感想にこう書いている。「おとうふは、体にもいいしおいしいし、手作りで心がこもっていておいしい」。ここには、とうふととうふ屋さんへの浩の思い入れと共感が込められているように思う。

　彼がこれをどう発展させていくか、また、それをどう支援していくかがこれからの課題である。そこで見逃せないのが、学級の仲間たちのかかわりである。

　私は、この頃から社会科の授業での学習感想を、次の授業までに座席表に整理し、増し刷りして子どもたちに配っていた。友だちの考えを意識するようになってきたのと、自分が調べたことを発表した時に、友だちはどう思ったのかを知りたいという気持ちがあるのだろう。子どもたちからこの資料を要求する声が上がってきたのが、教師にとってもめざす子どもと授業の姿に近づいているようで手応えを感じた。

　この日の学習感想には、次のようなものがある。

「あきお君とひろし君はすごい。ぼくもはやく魚屋のことをくわしく調べたい」（俊弥）
「私は、あきお君たちがこんなに調べるとは思わなかった。だって、しつもんされてもすぐ答えるから。私もそうなりたい。たとえば『おかしはかせ』。くいしんぼうの私……」（裕美）

　他の店を調べようとしている子ども、もう発表を終えた子どもも彼らに刺激され、意欲を高めている。また、同じとうふ屋を調べる亮は、ノートに「あきお君やひろし君のように、どこから仕入れるのか聞きに行く」と書き、彼らの発表を自分の調査の視点として生かそうとしている。さらに祐三は、授業での

質疑をもとに「調べるのにわすれちゃいけないこと」や「どうやって聞くか」という質問の台詞まで書いている。このような調査の計画を、晴恵も書いていた。ここには、学級の子どもたちの「友だちのよさを素直に学ぼう、自分の学びに生かそう」という相互啓発的学習観の育ちつつある姿が見とれる。

　一人一人のノートにコメントを書き込んだ後、座席表に学習感想を整理しながら、私は「浩が学級にしっかりと位置づきつつある」と感じていた。そして、これを読んだ浩が自分の調査・発表に対する友だちへの影響を感じ取り、自分に自信をもつと同時にもっと調べてみようという意欲をもってくれることを願った。

　浩は、次の時間までに、前時で質問されて分からなかったことについて一人で調べてきた。私は、授業の日に彼が調べてきたことは確認してあったが、彼が自ら進んで発表に出てくることを期待して、敢えて授業でこちらから発表の場を設けることはしなかった。今日の授業をどう進めるか、子どもたちと相談しながら彼の出を待った。結局、私の「この間、とうふ屋さん調べた人は、今日は何かつけ足すことはないの？いいの？」という問いかけで、達郎が浩に声をかけ、さらに「調べてきたの？」という私の問いかけで彼は出てきた。

　じれったいようだが、始めから枠を設定してその中で「させる」のではなく、その子どもが自力で一歩踏み出すための場を幾重にも用意して待ち、動きを見ながら必要に応じた働きかけをすることが、支援を考える際の基本的な姿勢として大切であると考える。

　浩は、店の名前やとうふ一丁の値段、季節によってつくる個数などについて発表した。その後の話し合いでは、子どもたちは彼の調べてきた個数に着目し、「売れなかったらどうするか」「くずれるものもあるのか」「くずれたとうふはがんもどきにするのか」といった問題をめぐる話し合いを展開していった。浩も話し合いの中で友だちに質問されて、答える場面もあった。また、質問に対して「分かんない」と答えた時に、隣の美紗子が「ひろし君、調べてきたら？書いておいて」と助言をした。浩はそれを受けて質問をメモし、また調べに行った。

このような子どもによる支援が自然に出てくることが個が生きる学級の風土として大切にしたいことである。また、とうふ屋調べの話し合いでは、教室に掲示してあった郁夫の夏休みの自由研究で模造紙数枚大の「おいしいとうふができるまで」が、とうふづくりの手順を目に見えるものにする資料として重要な働きをした。

　浩は、この日のノートに「また調べてくるものを調べて、また発表する」と書いている（72～73ページに本時の座席表・学習指導案を載せた）。

　数日後、浩が暁夫ととうふ屋を調べに行った時の写真を見せてくれたので、「写真を画用紙に貼ってあげるから、説明をつけてみんなに見せてあげたら」と聞くと、そうすると言って書いてきた。そこで、それを廊下に掲示してみんなに見られるようにした。

　この後、浩の活動的な面が発揮される場面がいくつか見られるようになったが、何よりも目に見えて変わったのは、彼のノートに記される字の丁寧さであった。

（3）友だちとの学び合いをばねに追究する暁夫

　一方、暁夫の方は元々とうふは好きではなく、興味・関心はあまりないところから調べ学習をスタートした。だが、とうふ屋のおじさんから、手づくりと工場でつくるとうふの違いや手づくりとうふのおいしいわけを聞き、興味を示し始める。そして、本時案で示した授業の学習感想には、「こんど、どうしてむしあつい日は百八十個ぐらいですかと聞いてみる」と書き、話し合いを受けて自分なりの問いかけをもって調べようとしている。

　次の時間には、友だちの発表を聞いて「耕司君、英太君、紀子さん、恵利さんにまけないように、まだ計画を立てていないけど、とうふ屋を金曜日に調べる」と書き、友だちの調査に刺激を受けて動き出そうとしている。さらに感心したのは、家庭学習日に一人でとうふ屋に行き11項目にわたって調べてきたことだ。質問項目がすべて授業で問題になったことや友だちが疑問に思ったことだったので、調べる内容をどのようにして決めたのか聞いてみた。すると、ノ

ートに貼ってあった友だちの考えが記された座席表を見ながら決めていったのだそうだ。かなり細かい字でびっしり埋められた座席表を、彼は自分の調査の情報を得るために活用し、友だちと問題意識を共有して調べてきたのである。

　暁夫がこれを発表した日の子どもたちの学習感想には、次のようなものが見られ、暁夫の学び方や取り組む姿勢がみんなの中に位置づいてきたと感じた。

> 「私はあきお君やあかねさん（八百屋を調べた）が自分たちに質問された事をきちっと調べたのが『えらいなー』と思った……」（秀子）
> 「ぼくも、あきお君みたいに座席表の疑問で考えていく。とうふ屋も八百屋も肉屋とほぼ同じだから、みんなの発表を利用して肉屋さんを発表したい」（郁夫）

　これを読んで、暁夫もさらに意欲を高めることを期待したい。
　このように子どもたちが互いのよさで響き合えるように支援するのも、教師の重要な役割である。なお、郁夫は学年文集の学級のページのネーミングを「オーケストラ」と提案し、みんなに支持された。これは、まさにこの学級のみんなで響き合いながらつくる授業にふさわしいものであると、私は子どもの感性に感動した。

第3学年2組　座席表・学習指導案 ［社会科］

(1) 〔色々な店の機械・魚屋〕 手作りと機械作りにかかわる視点を持っているが、前時は「豆腐の厚さ」について質問していた。質問することについて自分なりの予想が持てるか。	(2) 〔工場〕 問屋の役目のときから工場を自分の目で見に行くことにこだわっている。前時にとうふ屋べの子が多いのを不思議がる。工場の視点で興味が持つか。
① 〔肉屋〕 とうふ屋にも興味をもったようで、「生活クラブ」や「バイクのお豆腐やさん」に聞くと言う。前者は他の子にない視点を持っているので、調査を支えたい。	② 〔八百屋〕 自分では「仕入れ」の視点を持っているが、友だちの発表に対してもよく質問する。「とうふはくずれたらどうするか」を出すか。
(3) 〔魚屋〕 魚の仕入れについてユニークな視点を持っている。とうふ屋でも「店によってちがう」を工夫するただ多く作るというようにとらえている。発言で出るか。	(4) 〔工場〕 前時は吉田の調べとかかわらせ「工場と手作りのちがいっていっぱいある」と書いている。この視点を深められるか。
③ 〔エーダンモールの名、道〕 エーダンについてはまだ調べていないが、友達の発言の課題をとらえて「これも調べようと思った」と書いている。自分で動くか。	④ 〔とうふ屋〕 とうふの材料やがんもどきの作り方を調べると書いていた。友達の発表に刺激され「がんばる」と言っているが、問題になったことを調べて来るか。
(5) 〔手作りと売っているアイス〕 発表した後、もう一度調べてまとめ直すという姿が見られた。原らの調べたとうふ屋は近いので、自分でも値段を調べてみるという動きを期待したい。	(6) 〔働く人〕 夏休みに「おいしいとうふのなぞをとく」自由研究をしてきたので、友だちの発表と自分のとのちがいを不思議がっている。積極的にかかわるだろう。
⑤ 〔とうふ屋〕 店の人の工夫のうち、「物の仕入れ」を調べてきたが、友だちの発表を聞いて「どうやっておいしくするのか調べたい」と変えた。どう調べてくるか。	⑥ 〔商店街の売る工夫〕 家の近くの商店街で3つの店の売る工夫を調べてきたことを生かして「店によってちがうのは本当」と考えている。「売る工夫」の視点から発現できるか。
⑦ 〔輸入した物〕 友だちの発表を聞いて、自分の家の近くのとうふ屋で「どれもおじいさんとおばあさんがはたらいている」ことにきづいた宮崎のテーマとかかわるか。	(7) 〔とうふ屋〕 「とうふの材料」を調べるつもりだったが、友だちの発表で「とうふ屋さんによって大きさがちがうと思う」と予想した。自分の調べに生かせるか。	⑨ 〔とうふ屋〕 一緒に発表した吉田の「工場と手作りのちがい」の視点でもう一度見直している。また、聞きに行くか、自分で作ってみるか。	(9) 〔魚屋〕 原・高橋の発表を聞いて「手作りかどうかっていうのは、くらべるのはいいけどどくらべられるのか」と問いかける。どう選ぶかになれば指名で位置づけを。
⑧ 〔和菓子屋〕 前時の友だちの発表に刺激され「おかしはかせ」になりたいと書いている。願いの実現に向けて、調べ直しを支え、他の子どもにも広げたい。	(8) 〔肉屋〕 ノートでは自分のテーマを追求しているが、話し合いでは「店によってちがうのでは」という原・高橋の視点を強化した。この視点を深められるか。	⑩ 〔八百屋〕 田林の「おいしくするための工夫が店によってちがう」を受け「どうして本当においしいと言えるのか。人それぞれによる」と。ゆさぶりのため指名も。	(10) 〔魚屋〕 発表を聞いて自分の生活経験とかかわらせて「自転車で売りに来るとうふ屋さん」を「売る工夫」としてとらえている。この視点で出るだろう。

1．本時の目標

> 「とうふ屋調べ」をもとに、「店による売り方のちがい」に目を向け、自分なりの考えを持ったり、自分が調べる際の視点をより明確にしたりする。

2．予想される本時の展開

○調べてきたから発表したい
　　(⑨⑮ (5) (13) (19) ら)
　　＊予め発表するかどうか確かめておく

○質疑応答する
　　〈やっぱり、店によってちがうのかな〉
○話し合おう
　【前の時間とつなげてくれる人はいますか】
　　〈店によってちがうのではないか〉(⑨⑮ (8))
　・値段がちがう ((5))
　・作る数や作り方がちがう ((6))
　・大きさや厚さがちがう ((7) (1))
　・売っているものがちがう (⑥)
　・店で作る物 (⑱)
　・工場と手作り ((4))
　〈どこの店でも自転車で売っているのかな〉((10))
　〈おいしくする工夫って何だろう〉((11))

【次の時間はどうしようか】
　・まだよくわからないこと
　・調べればいいこと
○学習感想を書く。

3．〔子ども〕
　・問題になったことに自分なりの考え方が持てたか。
　・話し合ったことを自分の調べ学習に生かそうとしているか。
　〔教師〕
　・「子供がつくる授業を支援する教師の手だて（教師の出）」は適切だったか。

東京学芸大学附属世田谷小学校
3年2組39名（男子20名、女子19名）
授業者　内山　隆

○他の店でもいいかな？
　（(1) (9) (15) ら）
　　　　【前の時間とつながるかみんなと相談しよう】

＊テーマと要点、質疑応答を板書する。

＊調べたことの発表がなければ、ここから始める。

＊資料「とうふ」
　必要と判断した時だけ提示する。

←・私の家の近くの店は用賀の店と同じ (16)

＊調べてみないと分からないこと意見が分かれた
　ことを板書で明確にする。

		(19)　　　　　〈浩〉[とうふ屋]　発表屋で初めて出た。「手作りで心がこもっておいしい」と書いた。質問されたことを再調査につなげられるよう支え、自信を持てるようにしたい。	(20) [ファにコン]　問屋の数にこだわり続け、自分のテーマを調べる計画を立てる。高木とかかわりながら、調べを軌道に乗せてほしい。話し合いにかかわれるか。
		⑱ [とうふ屋]　発表から「お店ごとにくふうをしていてたいへんそう」と書いている。自分の「なぜ手作りか」とどうつなげていくか。	⑲ [エーダンモールの名]　前々時の河野の発表にはかかわらせで発表から、とうふ屋では「いろいろなこともわかった」である。生活経験とどうかかわらせるか。
		(17) [働く人]　発表を聞いてとうふの大きさや個数に着目している。自分の視点とかかわらせて考えられるか。塩谷が出れば出て来るか。	(18) [八百屋]　発表を聞いて刺激されたようで「金曜日に調べに行く」と言っている。とうふ屋でどんな視点を出してかかわれるか。
			⑰ [商店会長]（前時欠席）　前々時の河野の発表の手作りと売っているのとの対比を「手作りとレストラン」に当てはめて考えていた。とうふの「手作りと機械づくり」をどうとらえるか。
		(15) [とうふ屋]　発表を聞いてとても詳しい調査の計画を立てた。齋藤と調べに行くと言うので、調べたことが授業で生きるように支えたい。自信を持てるように。	(16) [とうふ屋]　発表を聞いて「調べることにした」と書いている。「入っちゃだめ」と言われたわけを調べられるか。
		⑮ [とうふ屋]　発表したが「こうかいしている」「まだわからないことが山ほどある」と問い直す姿勢を見せている。励ましながら再調査を支えたい。	⑯ [ねだん]　発表した友だちそれぞれにかかわらせて考えている。「ねだん」または「店によるちがい」で話し合いにかかわれるか。
⑪ [とうふ屋]　「予定がいっぱいで…」と言っていたが友だちの発表で刺激され、ノートに計画を書く。スーパーで買っているというお母さんの声もいずれ出してほしい。	(11) [肉屋]　とうふ屋、肉屋、野菜を「薬」という視点で見ている。話し合いにも出てくるだろう。あとは、本だけでなく自分で実際に調べに行くだけだが。	⑬ [米屋]　「もっともっといっぱいやっておとうふを調べたい」と書いているが、何を問題にするのかをもって話し合いに出てほしい。	(13)　　　　　〈晩夫〉[とうふ屋]　種房と発表する。「みんなからしつもんされて言えなかったことを調べる」と調べ直す姿勢が見られるので、出を期待したい。
⑫ [ねだん]　発表を聞いて「ねだんだけどやめて、エーダンのおとうふ屋さんに行って調べる」と言う。この調べも自分のテーマとかかわることに気づかせ支えたい。	(12) [ファミコン]　友だちの調べに「すごいなー」と感心している。同じテーマの照井が具体的になってきたので照井と力を合わせて調べに動き出してほしい。	⑭ [ジュース]　発表の板書は写していたが、感想は「いろいろ調べている人がいる」であった。問題になっていることに自分なりの考えを持って出られるか。	(14) [魚屋]　吉田と種房の発表に刺激され「ぼくもはやく魚屋を調べたい」と書いている。まずは自分で調べるという動きを期待したい。

第3章　個のよさが生きる学級・授業と「この子の物語」

4 「この子の物語」を綴り続ける

　この子どもたちが低学年の時、担任していた2年間に学級便り「うっちゃんからのラブレター」を子どもたちに向けて書き、手渡してきた（3年生でクラス替えをしたため、持ち上がったのは1／3の子どもたちである）。これは、学級の子ども一人一人について学級担任がとらえたよさや発揮された持ち味をみんなで共有するためのものである。この学級便りを子どもたちも喜び、友だちのよさを学ぼうとする姿勢を見せてくれた。

　「個が生きる」ということを考えた時に、教師からの評価とともに子ども同士の評価を、また後づけの評価よりも学級での生活、とりわけ授業の場でのリアルタイムの評価を、子どもたち同士が実感できるものにしていくことが、学級をアレントの言う「出現の空間」にすることにつながると考える。

　「この子の物語」は、場や展開の仕方、仲間や教師のかかわりはそれぞれ異なるが、39人であれば39章立てのかけがえのない同時進行の物語を、子どもたちとともに綴っていくのが学級担任のやりがいである。

第4章

地域に働きかけて問題解決を図る
3年生「どうする？ゴミ」

　ここでは、子どもたちがゴミを減らすために自分たちはどうすればよいかを考え、地域に出て行って活動し、働きかけながら問題解決をすることで共生社会の構築に参画する力を育てることをめざした。

1　共生社会の構築に参画する力を育てる

　本実践は、序章でふれた影山の「個の中に」「公の芽生えを育成する」という問題意識をもとに、東京学芸大学附属世田谷小学校で「共生社会の構築に参画する力を育てる」社会科として77ページの図のように構想したものである。

　「共生社会の構築に参画する力」は、共生にかかわる問題についての問題意識を共有する子どもたちが、問題をめぐる様々な人々や組織、活動とかかわりながら調べ、話し合いを通して「どうなることがよいのか」「どうすることがよいのか」を追究・実践するトータルな学びの経験によって育つと考えた。本単元「どうする？ゴミ」において、どんな学びの経験を通して子どもたちにこれらの力を育てていくかについて述べる。

　　a　問題の発見と解決に向けた意欲・意思
　　　　……問題を発見し、追究しようとする力

　子どもたちは、ゴミに対して「きたない」「地球をよごす」といったイメージをもっており、それを人間が出すものであることや、まさに自分が出してい

ることについてはあまり自覚していない。そこで、まず自分が出している教室のゴミや家庭のゴミについて目を向けることから始めたい。そして、ゴミがどのように処理されているか、清掃工場や埋立処分場の様子を目のあたりにして、この問題が他人事ではすまないことであることに気づき、「何とかしなくては」という意欲や意思をもてるようにしたい。

　b　個の調査・追究
　　　　　……追究の視点と方法をもち、調べる力

　子ども一人一人がゴミについて考え、自分なりの視点をもって人に聞いたり地域に出て行ったり、情報を収集したりして調べ、「こうすればよいのでは」という考えをもてるようにする。そのために、教師は一人一人の視点をとらえ、個に応じた調査のサポートをする。

　c　問題意識の共有化
　　　　　……他と問題意識を共有する力

　個々の子どもの問いや問題意識をもとに、それらの重なりを見出したり追究の方法を探ったりすることを通して、子どもたちの間に「ゴミをどうすればよいか」「どうしたらゴミを減らせるか」といった問題意識を共有化できるようにする。

　d　様々な立場や視点からの事実認識と話し合い
　　　　　……自らの調べたことや考えを表現する力
　　　　　　他の調べたことや考えたことを理解する力

　各自が共通の問題意識に基づいて、それぞれの視点で調べたことを教室での話し合いの場に持ち込むことで、子どもたちは互いに自らの調べたことを表現したり、他の調べたことを理解したりする。そのことを通して子どもたちは、この問題をめぐる様々な立場や視点からの事実認識や考え方を学ぶことができるようにする。

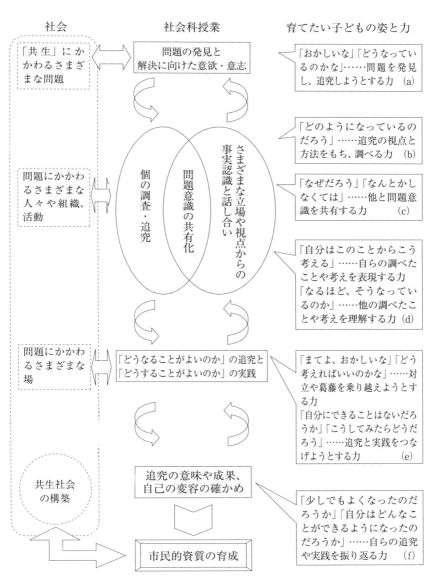

図4-1 共生社会の構築に参画する力を育てる社会科授業の構想 (筆者作成)

e 「どうなることがよいのか」の追究と「どうすることがよいのか」の実践
　　　　……対立や葛藤を乗り越えようとする力
　　　　　　追究と実践をつなげようとする力
　子どもたちが様々な視点を出し合って話し合う中で、リサイクルやゴミの減量などについて問題になったことをさらに追究し、「どうなることがよいのか」を考えられるようにしたい。また、追究していく中で生まれた「自分たちでしてみよう」という子どもたちの動きを、「どうすることがよいのか」考え、実践していくことにつなげたい。
　　f　追究の意味や成果、自己の変容の確かめ
　　　　……自らの追究や実践を振り返る力
　こうして追究してきたことがどんな意味をもつのか、一人一人や学級全体でゴミの減量化や自らの生活についてのよりよいあり方を振り返る。また、自分自身の考えや生き方がどのように変わってきたかを確かめる場をもつ。
　この構想を、80〜81ページのように単元の学習展開計画に位置づけて、子どもたちとともに相談しながら問題解決を図っていくようにした。

2　地域に働きかける話し合い

　子どもたちは、教室から出たゴミの量や種類を調べて、そのゴミの行方を調べていく。清掃工場や中央防波堤埋立処分場を見学し、そこで出会った鈴木さんや飯田さんのお話を受けとめて、ゴミの減量をめざしてリサイクルの呼びかけをしていくことにした。
　子どもたちはゴミ拾い、新聞、通信、クラスのホームページやチラシ、ポスターによる発信などの方法を考えた。前時に、愛子と誠、博の3人がこれらの方法をどのように進めていくか、アイデアを図にして黒板に示した。また、翌日に学校の近くの商店街と公園に行き、ゴミ拾いをしてきた。これまでの追究をふまえて、本時では今後の進め方を考えることにした。
　本時では、まずゴミ拾いをしてみてどうだったかを出し合うことから始めた

(84〜85ページの3年1組　社会科学習指導案・座席表参照)。

　タバコの吸い殻が多かったことや、空き缶や空き瓶などリサイクルできるものが多かったことが出された。そして、宗太の「リサイクルできるものは、リサイクルできるところに持って行った方がいい」という発言から、どこへ持って行くかについて話題になったので、私がスーパーマーケットの店先に設置してある回収ボックスの写真を提示した。

　その後、子どもたちから中央図書館の前の「くうかん鳥」や、リサイクル専門の店のこと、廃品回収のことが出された。

　すると、愛子が前時と本時の間に考えて83ページのようにノートに記した考えをみんなに配って説明した。これは、授業での発表をどのようにするか、予め愛子と私で相談し、発表だけでは伝わりにくいと考えてプリントしてあったものである。

　「ステップ1、まず3年1組でゴミ拾いをします。これはこの間しました。ゴミ拾いがとりあえず進むと、次にチラシ、ポスターを行います。けれどその時も、チラシ、ポスターを行っているからと言って、ゴミ拾いをしないわけにはいきません。ゴミ拾いグループとチラシ、ポスターグループに分かれて行います。ステップ3は関係を深めるで、町の人に呼びかけます。あとは、みんなでまた土曜日に決めます」(愛子)

　この発言を受けて、愛子と博、誠の考えの図を私が黒板に資料として貼ると、子どもたちは3人の提案について共通点や相違点を検討した。

博　「この提案（愛子案）を誠君のと一緒にしてやる」
愛子「それとはまた違うよ。誠君のと一緒にって言ったけど違う。誠君のはポスターを貼ったリヤカーを持ってきてゴミ拾い。愛子はゴミ拾いに行ってからポスターを貼って近所の人に広める」
博　「ぼくが言っているのは、リヤカーとステップ1のゴミ拾いを合体する」
愛子「愛子はこの間ゴミ拾いやったから、今度はゴミ拾いとチラシ」
誠　「愛子さんのステップ1と2を組み合わせた。1、2をやって3をする」

社会科学習展開計画　第3学年3学期（第5版）

1．単元名　「どうする？ゴミ」
2．単元の目標
　　学校や家の周りの地域のゴミの処理の様子について、見つけたことや感じたことから問いや疑問をもち、ゴミがどのように処理されているか体験・見学を通して調べる。調べて分かったことからゴミの問題について視点をもって調べ、考えを出し合ってゴミを減らすためのよりよいあり方を追究し、実践することを通して自らのくらしを見直す。
3．展開計画（全14時間扱い　○数字は時数）

学習活動	指導上の留意点
私たちの生活から出るゴミはどうなるのだろう ●教室のゴミにはどんなものがあるか見てみる。① 　・紙がすごく多い。 　・まだ使えそうなものがある。 　・燃えるゴミと燃えないゴミが混ざっている。 　・これではまずいのではないだろうか。 　・学校からどれぐらいゴミが出ているのだろう。 　・こんなにゴミを出して大丈夫なのだろうか。 ●教室のゴミはどこへ行くのか予想する。① 　・東門の所のゴミ捨て場に集める。 　・ゴミ収集車が取りに来るよ。 　・そこからどこへ行くのだろう。 　・清掃工場へ持って行くのでは。 　・埋め立てるのではないかな。 　・清掃工場で燃やしていると思う。 　・どうしているのか見てみたい。	○一人一人の子どもがゴミについてどんな視点をもっているか、自由記述で書いてもらい、単元の展開計画を修正するとともに、個の調査・追究がどのように展開するか予測しておく。→b ○3学期に入ってから子どもたちが出した教室のゴミをとっておく。ゴミを観察することで、自分たちの生活面の課題が浮かび上がる。→a ○月・水・金の朝8：30頃に学校のゴミを業者が収集に来るので、様子を観察し、その後どのように処理されるのか予想する。→a
［社会科見学］中央防波堤外側埋立処分場と清掃工場を見学し、ゴミがどのように処理されているか調べる。 ゴミをどうしていけばよいのだろうか ●見学して考えたことをもとに、これからみんなでどのように学習を進めていけばよいか話し合う。② 　○清掃工場の鈴木さんや飯田さんが言っていたように、リサイクルできる物を考えて行こう。 　　・教室でリサイクルをする。 　　・全校にも呼びかけて集める。 　　・ペットボトル2本でマグカップができるから、集めて出したい。 　　・近所の人や東深沢小、エーダンモール商店街でも呼びかけたい。 　　・チラシやポスターを作ってはどうか。 　○燃えるゴミで一番多いのは紙だから、紙を無駄遣いしない。 　○生ごみを減らしたい。	○ゴミの最終処分地である埋立処分場と、その前の清掃工場を見学する共通体験を、問題意識や追究の方向性の共有化に生かす。特に、処理の現場で働いている方の言葉をしっかりと受け止める。→c ○「これからの学習の進め方」について考えを出し合い、関連性や重なりを板書で整理していく。そして、追究の柱を立て、単元の見通しが持てるようにする。→c

・給食を残さないようにする。 ○ゴミを減らして埋立処分場を40年より長持ちさせたい。 ○何をどのようにリサイクルすればいいか考えよう。 ●みんなで話し合って決めたことについて、自分は何を調べ、行っていくか考えて取り組む。② ○リサイクルできる物について調べよう。 ○何をどうやって集め、どのようにリサイクルすればよいだろう。 　・サミットでペットボトルやトレイ、牛乳パックを集めていた。 　・牛乳ビンはどうしているのだろう。 　・リサイクルプラザに行って調べてくる。 　・本やインターネット、ビデオで調べてみる。 　・飯田さんに聞いてみよう。 ●調べたことを発表しながら、「どうすればよいか」「どうなることがよいか」考える。⑥　[本時2／6] ○リサイクルをどのように呼びかければいいだろうか。 　・どういう方法で呼びかければよいだろう。 　・チラシやポスターで呼びかけよう。 　・公園でゴミ拾いをしてみよう。 　・町にどんなゴミが多かったかを見て、どんなチラシやポスターにするか考えよう。 　・実際に行ってみて効果を確かめよう。 ○紙のゴミは減らせるのだろうか。 　・気を付けて生活してみよう。 ○給食の残量が減らせるか取り組んでみよう。 　・残さずに食べられるか。 　・生ごみで肥料が作れるか。 [これからどうしていこうか] ●追究を振り返り、これからどうしていけばよいか考えできることを行う。② ○リサイクルをするだけでよいのだろうか。 　・物の無駄遣いをしないことも大切では。 　・買い物には袋を持って行くようにしたい。 　・買い物に行ったときに包みを少なくしてもらう。 　・あまり必要でない物を買わないようにしないと。 　・ゴミを減らす工夫がいろいろ出たので、自分でやってみる。 　・家の人にも教えて、家のゴミも減らすようにする。	○一人一人の子どもがどんな視点でどのように調査・追究するかを明らかにして取り組む。教師は必要に応じて支える。→b ○多様な調査活動の展開が予想されるが、「みんなで体験してみよう」「みんなで取り組もう」ということになったものについては計画に位置づけたり、時間を確保したりする。→c ○個々の子どもが調べたことが仲間に伝わるように、発表内容、方法について相談に乗る。また、仲間の発表の聞き方や質問の仕方に気を配る。→d ○互いに調べ、発表し合う中から生まれたズレや疑問を取り上げ、さらなる調査や追究への発展を支える。→e ○自分たちが調べ、考え、実践してきたことで、ゴミは実際に少なくなったのか、自分や家庭、地域の人たちの生活に何か変化はあったのか、子どもたちが自ら問う動きを支える。→f ○追究の振り返りから、さらに「みんなで実践しよう」という求めが生まれた場合には、総合学習への発展につなげる。→f

早紀「ステップ１と２は分かるけど、この２つを合わせたら３というのはどこから出てくるのか。順番がこの３つなら、ゴミ拾いで関係を深めてからポスターをやる」

教師「早紀ちゃんは１から３にいって２」

愛子「２のステップはポスターに掃除している人がいるでしょ。要するに２つともやる」

教師「ポスター、チラシとゴミ拾いは両方入っている」

博　「早紀さんが言ってたのは、１→３→２。ぼくは、３→２→３、いや３→２→１だ」

愛子「ゴミ拾いもチラシもポスターもやらずに関係深めるのは、耕介とかはできるかもしれないけど、愛子は遠くに住んでいるからできない」

博　「３→２→１は間違っていたから、２→３→１。ポスターを貼って一緒にやりませんかと言って関係を深めて」

愛子「１はもうやったんだよ。愛子は終わったから２、３」

博　「だから一緒のことだって」

教師「愛子ちゃん同じことだって喜ばないと」

杏菜「まだ少ししかやっていないから」

教師「ゴミ拾いは必要ということだね」

愛子「それに対して（前に出る）。ここはゴミ拾いだけど、ここは知らせているから」

教師「袋持っている人がゴミ拾い。愛子さんが言っているのは、杏菜さんと同じと言うことだね」

誠　「ぼくも杏菜さんに通じる。ポイ捨てする人は必ずいるから、チラシに何曜日に一緒にしようと書いて、挨拶とか関係を深めて一緒にやる。落ちていたら拾うといい」

教師「誠君は一緒に」

誠　「１、２と３の半分」

教師「３→１→３→１」

愛子「2は。確かに出番は少ないけど」
早紀「1はやっちゃったから博君のでもいい。どんな順番でもできる」
豊　「誠君に似ている。チラシとポスターにいつやるとか書いて、手伝って下さいと言う」
教師「呼びかけるということだね」
(以下略)

　子どもたちは、3人のアイデアをもとにこれからどうすることがよいのかを考え合った。地域の人たちにリサイクルの呼びかけをどのように行うか、どのように地域の人たちと関係を深めるか、通学する学区域が広い附属小の子どもたちならではの内容の話し合いであった。追究の内容と方法をメタ認知しながら、より有効な進め方を考えていったのである。

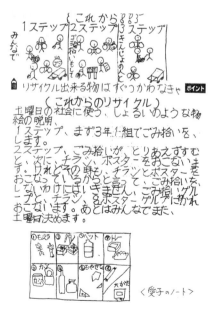

図4-2　愛子のノート

3年1組　社会科学習指導案・座席表

〈本時の目標〉
　リサイクルの呼びかけについて、ゴミ拾いの体験を通して感じたこと、気づいたことや調べたこと、気になったことを出し合って、これからどうしていけばよいか考えることができる。

〈予想される本時の展開〉
1．水曜日の昼にゴミ拾いをしてどうだったか話し合う。
・タバコのポイ捨てがとても多かった。
　　　　　・お菓子の袋も。意外な物があった。→どう始末しようか
　　　　　　　　　　　　　　　　　　　　　　・リサイクルできる物はあっただろうか。
どうしてポイ捨てなどするのか。
ゴミを気にしない人たちがいる。
ゴミ拾いをしていれば少し気をつけるのでは。
　　　　　　　　空きカンやペットボトルなどがあった。
　　　　　　　　これをどうリサイクルしようか？
　　　　　　学校にリサイクル　　　スーパーや
　　　　　　ボックスを作る。　　　コンビニに持っていく（5）

2．これからどうしていこうかについて考え合う。
・リサイクルの呼びかけをしていこう。
　　前の時間に3人（38,10,20）から提案があったね。
　　　　　　　　　　　　　　　新しい提案もあるのかな
　　3ステップで進める（38）　方法ごとに分かれて考え、実行する（20）
　　　　　　　　　　　　　　　それぞれが調べ、考えて実行すればいい（34）
　　　　　　全部いっしょにできる（10）
・でも、その前に考えなくていいのかな？（8）
　　全部やると紙のむだになるのでは？
　　　　　　　　　　　心を込めてていねいに書けば。
　　　　　　　　　　　またリサイクルしてもらうように。
　　　　　　　　　　　紙をむだにしない方法は？
東深沢小学校の4年生がポスターをはっていたのに
ゴミが落ちていた。（34,28）　　見ていないのでは。
　　　　　　　　　　　気にしない人がいるのでは。
　　　　　　　　　　　目立つように、心を込めて書けば。
　　　　　　　　　　　声をかけないと（23）
　　　　　　　　　　　ゴミ拾いをしていれば
　　　　　　　　　　　気づいてもらえる（21）

・次の時間はどうしようか？
　　何ができそうか考えよう。
　　今日出された方法に取り組んでみよう。
　　作品は一人一人が下書きをしてみようか。
3．学習感想を書く。

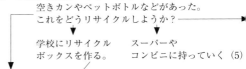

21　ゴチ 「ばっちり！」リサイクルのアイデアを紹介する出を期待。	38　ゴチボ通　愛子 前時の提案をどう発展させて提示するか楽しみ。
5　ゴチ 提案してゴミ拾い実現。チラシの中身をどう考えるか。	3　ゴチ ポイ捨てとゴミを少なくするためにどうしようと考えるか。
35　ゴポ 先週欠席。ゴミ拾いから次へどうつなげるか。	30　ゴポ ゴミ拾いでの発見を呼びかけにどうつなげるか。
16　ゴチ 「リサイクルしよう！」の中身の具体化ができるか。	11　ゴチ新 活動と呼びかけの中身をつなげられるか。
24　ゴチ リサイクル方式を調べている。チャンスがあれば提示。	31　ゴチ 前時に呼びかけ内容を構想。出を促してみたい。
7　ゴチ ゴミ拾いの活動からチラシの中身につなげられるか。	12　ゴチ チラシの中身にかかわる考えが持てるか。
34　ゴポ 「ポスターにもかかわらずゴミ」の問題をなげかけるか。	20　ゴチ　博 前時に方法別の進め方を提案。再提案するだろう。
23　チ ゴミ拾いで考えを深める。どの方向に進めていくか。	13　ゴチ 活動での発見をチラシの中身とつなげて考えられるか。

このグループは実際には教室中央

32　チ ゴミ拾いをリサイクルの呼びかけにつなげられるか。	2　ポ 前時ゴミ拾い欠席。自分たちの力で何とかしようとする。	36　チ ゴミ拾いからリサイクルのイメージがふくらむ。発信を。	4　ポ ゴミ拾い欠席。話し合いからポスターの構想をもてるか。

平成16年2月7日（土）
3年1組39名（男子19、女子20）
授業者　内山　隆

〈指導上の留意点〉

普段発言の少ない子が、できるだけ優先的にゴミ拾いの体験をして感じたこと気づいたことを発表できるようにしたい。

「まずゴミ拾い」をすることになったねらいなのでここを踏まえた話し合いが展開できるように声をかける。

どのようにリサイクルされるのかな？パンフレットに出ていたよ。調べたよ（24）

資料や友だちの調べをもとにとらえられるようにしたい。

子どもたちはゴミ拾いの体験をふまえ、「これからどうしていこうか」という共通の問題意識に基づき話し合いを展開していくだろう。板書でみんなが意識できるようにする。

リサイクルのアイデアを知らせよう（21,22）

話し合いが、「グループごとに考えて実行」にすぐいきそうになったら、8の考えや34,28の気づきでゆさぶりたい。彼らが自分から出なければ、学習感想への注目や発言の促しをする。

この時間に解決しないものには、板書で赤で？をつけておく。また、話し合いの展開や時間の都合で、次時の追及の方向が絞れない場合には、5,12,23,36,40らの学習感想に期待する。

〈本時の評価〉
・ゴミ拾いの体験や調べたことをふまえて発言できたか。
・リサイクルの呼びかけについて、「これからどうしていくか」考えを持つことができたか。

＊座席表内の記号は方法を表す
ゴ：ゴミ拾い　　　新：新聞
チ：チラシ、広告　通：通信
ポ：ポスター　　　HP：ホームページ

26 チ 「リサイクル&ゴミを捨てない」をどうチラシに生かすか。	39 ゴチ新 新聞について聞く。次にどう動くか見守る。
6 ゴチ 話し合いからリサイクルできる物を見出せるか。	18 ゴチ 前時に20の提案を支持。この方向で出てくるか。
25 HP ゴミ拾いでの発見をどう次につなげるか。	37 ゴチ ゴミ拾いに意欲。チラシの中身をどう考えるか。
8 ゴチ 全部やると紙のむだと考える。出た話し合いのゆさぶりを。	10 ゴ屋台風　誠 前時の構想をどう深めて提案するか期待する。
40 ゴ ゴミ拾いをふまえて次の方向をどう考えるか。	27 ゴチ ゴミ拾いで「すっきり」から次の方向を見出してほしい。
15 ゴチポ新 ゴミ拾い欠席。呼びかける中身をイメージできるか。	17 ゴチポ これからの進め方を提案か。じっくり聞いて考えを。
14 ゴチ 自分の実践として考えた。人にどう伝えようとするか。	22 ゴチ 調べたリサイクルのアイデア紹介を出すか。
9 ゴチ 実践や気持ち、自分からの大切さを確かにしてほしい。	28 チ ポスターがあってもゴミが落ちていたことをどう考えるか。

↑このグループは実際には教室中央

33 ゴチ 本日欠席	1 ゴチポ新 ゴミ拾いの満足から次の方向性をどう見出すか期待。	29 ゴポ リサイクルの呼びかけをどう構想するか見守る。

第4章　地域に働きかけて問題解決を図る

この後、子どもたちはそれぞれが考える方法のチラシやポスター、通信、ホームページ、リサイクルボックスなどをつくった。地域の商店街に出かけてリサイクルボックスを置かせてもらったり、近くの小学校の金網にポスターを掲示させてもらったりした。

3　一人一人の子どもが追究過程に位置づく授業

　子どもたちが地域の生活に根ざす問題を発見し、体験・調査しながら「どうなることがよいのか」「どうすることがよいのか」追究していくことで、自ら地域の人たちとかかわりながら問題の解決に向けて参画・実践することができる。

　そこで、一人一人の子どもがどのような問題意識をもち、どんな視点や立場から考え、調べようとしているのか、そしてともに学ぶ仲間の考えにふれてさらに考えを深めようとしているかを教師が見とり、子どもの見方・考え方が生きるように単元の展開計画や本時の学習指導案に位置づけ、支えていくことが大切である。

　そのためには、子どもが毎時間何を考えたのかを学習感想として記すノートづくりが求められる。そこから一人一人の子どもの追究の足跡を読み取ることができる。とらえた子どもの視点や見方・考え方と本時での追究の姿の予想、期待する姿、手だてを座席表に記す。そして、子どもたちが協働で追究する筋道を予想して、一人一人の子どもの視点や考えがどう位置づくか考えながら話し合いの展開を構想し、本時の学習指導案をつくっていく。

　こうした地道な見とりと手だての積み重ねによって、授業の構想の実現に一歩ずつ近づけていくのである。

第5章

地域の人たちと協働する

4年生「グループ活動」

　ここでは、地域とかかわりながら活動・追究してきた子どもたちが、地域の公園で活動する人たちと協働して願いを共有し、実現していく子ども主体の総合的な学び（学級文化活動）について述べる。

1　協働的な学級文化の創造

　学級を社会と考えると、学級こそ共生が志向され相互啓発的学習観が培われ、公民的資質が育つ学びの経験ができる公共空間でありたい。

　私はこれまで学級を担任すると、「この学級の仲間とだからこそできた」とみんなで実感できるような学級文化の創造に力を注いできた。劇づくり、家づくり、探検活動、様々なものづくり、イベントなどである。

　これらは、私が担任すると必ず行う「定番」ではなく、その学級の子どもたちとともに学ぶ中から生み出されてきたものである。いわば、その学級に集った仲間たちが共同で文化を創造する、一回きりの物語である。

　本章では、協働的な文化の創造としての学級文化活動について、子どもたちの記した振り返りを手がかりに述べたい。

2 地域の探検・追究から生まれた活動

「グループ活動」は、どのようにして生まれたか。

4年生になると各学級から代表委員が選出され、学校の文化と生活づくりをリードする役割を担う。4年1組でも多くの立候補者が出て、熱い選挙が行われた。そんな子どもたちの意欲的な姿を見て、私は「残念ながら代表委員になれなかった人がたくさんいたけど、その気持ちを生かして『こんなことがしてみたい』ということはないかな」と投げかけた。

すると、子どもたちは次々と思いを口にした。

「生き物を飼って、みんなに楽しんでもらいたい」

「みんなで使う所をきれいにしたい」

「ゴミ拾いやリサイクルをしたい」

「ねこじゃらし公園に花の種や桜の苗を植えたい」

こうした思いには、3年生の時からのその子どもの興味・関心やこだわりが背景としてある。生き物と言っている子どもたちは、3年生の時の探検活動でも虫を追いかけたりカマキリの卵を見つけたりしていた。ゴミ拾いやリサイクル、清掃活動と言っている子どもたちは、公園探検でゴミの多さに驚き、駒沢公園に落書き防止のポスターを貼ったことを思い出しているようだった。また、ねこじゃらし公園で地域の人たちとかかわったワークデイの体験が、花の種や苗を植えたいという願いにつながっていると思われる。

だが、正直なところ、子どもたちがここまで人のための活動や地域に出て行く活動を提案してくるとは予想していなかった。嬉しい誤算である。子どもたちは、しばしば担任の予想を超える成長ぶりを見せてくれることがある。3年生の時に子どもたちと相談しながら、公園やまち、世田谷ボロ市や商店街などを探検し、そこで生まれた問題を実践的に解決しようとしてきたことが生きているのかもしれない。

こうして、学級活動の係活動の枠には納まりきらない、これまでの自分たちの教科等の学びを背景とする独自の内容と広がりをもつ総合的な活動が生まれた。これを子どもたちは、「グループ活動」と名づけた。

3 活動における子どもの主体性の尊重

　子どもたちは、各自のしたいことに応じてグループをつくり、週に1時間のペースで活動を始めた。以下の7グループである。

［自然を守ろうグループ］　　学校の中や周りに落ちているゴミを拾って始末したり、校庭の石拾いをしたりする。

［リサイクルグループ］　　身の周りに落ちている空き缶を拾ったり、アルミ缶のロボットをつくって全校に回収を呼びかけたりしてリサイクルする。

［SOSグリーン太郎］　　ねこじゃらし公園に桜の花を咲かせるために、全校に呼びかけてグリーンマークを集める。

［フラワーキッズ］　　学校の畑で花を育て、ねこじゃらし公園に植える。

［ねこじゃらしジュニアキッズ］　ねこじゃらし公園のワークデイに参加したり、公園の情報を取材したりして新聞をつくり、みんなにお知らせする。

［生き物のひみつ］　　生き物を集めたり調べたりする。カマキリやトンボ、チャボの世話などをする。

［かわった新聞局］　　学校であったおもしろいことや出来事などをパソコンで新聞にまとめてみんなに知らせる。

　子どもたちは教室を飛び出して中庭で生き物とかかわったり、畑を耕したり、みんなの広場（代表委員が企画・運営する毎週月曜日の全校朝会）で他学年、他学級に呼びかけたり、ポスターや看板をつくって校内や学校の周りの塀に貼ったり、放課後にねこじゃらし公園に出かけて行ったり、教室でパソコンと向き合ったりと多彩な活動を展開した。

　活動の目標、内容、方法の決定に子どもが主体性を発揮できるようにすることで、子どもたちは意欲的に取り組むだけでなく、活動の意味そのものについてもしっかり考えるようになる。

　洋は、「この授業がぼくは大好きです。それは、グループごとに分かれて、それぞれのまかされた（自分たちで考えるけど）仕事をがんばってやりとげ

て、目標をがんばってたっせいさせるわけです」と、この活動における自らの主体性に意義を見出している。

　また、武志は「ぼくたち4年1組でやっているグループ活動はただの活動ではない。みんなでテーマを出し合って自分のやりたい活動にはいる」と、この活動をとらえた上で「ぼくが入ったグループは自然を守ろうというテーマで、外から投げ入れられるゴミをひろったり、ぼくたちがころびそうな大きな石を人がこないような場所にうつしたりする。その他にも、いくらひろってもゴミが出るのでかんばんを造形室でつくった」と活動の目標と内容を自覚している。そして、「うちのグループではテーマ別に2つに分けた。かた方はゴミや石などのきけん物をしょりする方。もうかた方はぼくたちがやったのだけれど、かんばんを作る方だ」と活動の進め方を自分たちで決定している。

　私の役割は、その子どもがしたいことに打ち込めるグループ分けやグループ内での役割分担ができるように支えること、不本意な思いをしている子どもがいるグループには相談に乗ったり話し合いを促したりすること、活動を進めるにあたって子どもたちだけではできないことがある場合にアドバイスしたり手助けをしたりすることである。いろいろなグループとかかわりながら、「どうしようか」「それいいね」「楽しみだね」と、子どもたちと活動を共有し、同じ方向を向いて一緒に歩んでいくことで、私も子どもたちとともにつくっていることを実感できる。

4　表現と実践における子どもの意識

　7つのグループの活動内容を見ると、実践の側面と作品づくりの側面があることが分かる。

［自然を守ろうグループ］　（実践）ゴミ拾い、石拾い
　　　　　　　　　　　　　（作品）「ゴミはゴミ箱へ」の看板づくり
［リサイクルグループ］　　（実践）アルミ缶や牛乳パックのリサイクル
　　　　　　　　　　　　　（作品）アルミ缶回収ロボットづくり

[SOSグリーン太郎]	（実践）	グリーンマークを集め、ねこじゃらし公園に桜の花を咲かせる
	（作品）	グリーンマーク集めの呼びかけポスター
[フラワーキッズ]	（実践）	花の栽培
[ねこじゃらしジュニア]	（実践）	ねこじゃらし公園のバースデイパーティー企画、ワークデイへの参加
	（作品）	新聞づくり
[生き物のひみつ]	（実践）	生き物の世話
	（作品）	新聞づくり
[変わった新聞局]	（作品）	新聞づくり

　子どもたちは、作品づくりから何を学ぶのか。

裕一（生き物のひみつ）「……今は写真をとったりメモを見たりしながらまとめています。そして、どういうふうにやればそれがみんなの役に立つかを考えています。みんなが身の回りの生き物のことを調べたい時、僕達の新聞やさんこうになる本をしょうかいしていろんなことを知ってもらいたいと思っています」

明（変わった新聞局）「まだ人気はわからないけれど、僕達の書いた新聞が皆に人気があっていろいろな人に読んでもらえたらとてもうれしいです」

　ここから分かるのは、彼らにとって学びは自己完結的なものではなく、作品として人に向けて発信されるものなのである。そして、人の役に立つことや人に読んでもらうことに喜びを見出しているのである。
　次に実践について見てみる。「自然を守ろうグループ」の子どもたちが書いたものをいくつか示す。

雄治「……ぼくは、グループ活動がとても楽しい。人の役に立つと気持ちよ

く、ぼくたちのやったことを喜んでくれる人もいるからだ。……グループ活動は、人と人との交流を深めることもできる。いろいろな人があいさつや、話しかけてくれるからだ。もっと活動をして、人との交流を深めたい。ぼくは、このままグループ活動を続けていきたい。人との交流もあるけれど、人の役に立つことはとても気持ちよく、やっている人も楽しくうれしいからだ。グループ活動は、人の役に立つことが楽しくなければやっても気持ちよくないと思う。始め楽しくなかったのが楽しくなったというのは、この変化だと思った」

　雄治は、実践の中で人との交流を深めることができると考えている。また、人の役に立つことの楽しさの実感を、自らの変化として認識し評価している。
　こうした「人の役に立つ」「人が協力してくれる」という実感の経験は、子どもたちの身近な地域や学校というコミュニティの中で最も大切にされる必要がある。こうした経験の積み重ねが、日本の子どもたちが低いと言われている自己有用感や自己肯定感につながるからである。

涼一「ぼくは、グループ活動は楽しくて人のためになる二重の時間だと思う。……『めあて』はグループ活動には一番だ。いかにもチームワークが必要だ。グループ活動は人のためだけじゃなく、人のことを考えて実行する、自分のためにもなると思う」

　涼一は、グループ活動を学級のめあてとも重ねてとらえている。その上で、人のことを考えて実行するのが「自分のため」になると評価している。

一郎「……例えば、ぼくたち自然を守ろうグループは、手伝いをしている。地球の手伝いだ。ゴミをへらしたりするのがぼくらの仕事だと思っている。もうひとつは、友情が生まれる会だと思う。なぜならば、この会は友だちと協力するからだ。人と協力すると、友情というものが分かってくる。

……そして何より思うことは、グループ活動は全部の教科を取り入れたものだと」

　一郎は、実践を「地球の手伝い（＝ぼくらの仕事）」ととらえ、それを協力して行う中から友情が生まれると感じている。

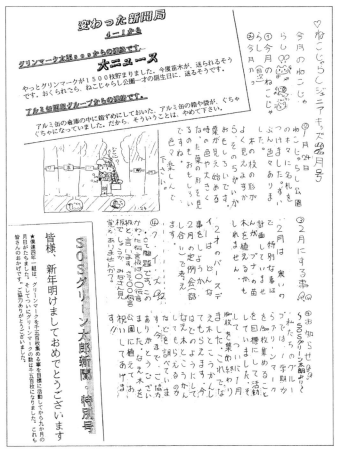

図5-1　子どもたちの作品

晃司「ぼくは、グループ活動が始まる前と比べて、自然を大切にすることができるようになりました。例えば、ゴミをあまりふやさないようにしようと思いました。このグループ活動を通してぼくが思った事とは、地球はみんなの物なのだから一人一人が責任を持った行動をとらなくてはいけないという事です」

　晃司は、グループ活動をする前の自分と比べて実践的な態度を評価している。そこから「一人一人が責任を持った行動をとらなくてはいけない」と当事者意識をもって考えている。
　子どもたちの学びについて特に注目したいのは、彼らが「人の役に立つ」「地球の手伝い」（＝ぼくらの仕事）といった手応えを実感しつつ、同時に自分自身についての認識や人間関係が深まったととらえていることである。作品によって人に働きかけ、そこから得た反応が自分たちの実践を発展させる。または、実践した事から人に働きかけたいことが生まれ、作品にして伝える。こうした活動の積み重ねによって、子どもたちは学びがいに弾みをつけていくのだろう。大切にしたいのは、このような子どもの学びの「総合性」「社会性」であり、そのベースとなる活動の目的や内容、方法における子どもの主体性である。

5　地域の人たちとの協働へ活動をひらく

　子どもたちは、学級の仲間だけでなく他学年・他学級にも自分たちの活動への参加を呼びかけ、かかわりを広げていく中で大きな手応えを感じていく。活動が地域の人やものとのかかわりに発展し「社会的な参加」につながると、子どもたちはさらに学びがいを実感する。
　ねこじゃらし公園に桜の苗木をプレゼントし、花を咲かせたいと願った「SOSグリーン太郎」の子どもたちは活動をどのようにとらえたか見てみよう。

彩子「……早くグリーンマークを送って、なえ木をもらいたいと思っている。そうすればねこじゃらし公園は、前よりももっと明るく楽しいねこじゃらし公園になると思う。しっかり植えて、元気のいいきれいなりっぱな木にしたいと思う」

　彩子は、自分たちの実践が「前よりももっと明るく楽しいねこじゃらし公園」を実現させることを思い描いて楽しみにしている。公園という公共の場をよりよくするための参画への意欲が見とれる。

圭介「……みんなのおかげで1,500枚集めたから、ぼくたちはみんなで集めたものを『なえ木』とかえて、みんなが喜び小さい子供達がねこじゃらし公園で仲良くあそんでくれればぼく達はうれしいし、みんなは喜んでくれるから、グループ活動はみんなに喜びをあげる活動だと思います」

　自分たちの実践が「みんなに喜びをあげる」と実感できたら、きっと大きなやりがいを得られると思われる。圭介は、自らが苗木を植えた公園で子どもたちが仲良く遊んでいる様子を思い浮かべているのであろう。
　子どもたちがこのような実感を得ることができたのは、ねこじゃらし公園を自主管理する「グループねこじゃらし」の方々との様々な交流の賜である。ワークデイに参加すると、その時の様子をミニコミ紙「ねこじゃら紙」に掲載していただいた。今度は子どもたちが、ワークデイの体験記を文集にしてお贈りした。また、公園の満1歳のバースデイの前日に、みんなで水路掃除をお手伝いして、一緒に1日早いお祝いをした。「ねこじゃらしジュニアキッズ」の子どもたちが、新聞をつくるための取材でファックスによる質問をしたところ、丁寧なお返事をいただいた。さらに、花や苗木をプレゼントするパーティーを計画したところ、そのことを話し合う授業を見に来て下さったこと。パーティーにも気持ちよく参加して下さったり、公園で一緒におやつを食べたり、カンタンという珍しい虫やカエルの卵を見つけて遊んだりした。そして何よりも、

子どもたちの苗木を植えたいという願いを快く受けとめ、植える場所や植え方など懇切丁寧に教えて下さった区の公園係の木村さんの存在も大変大きい。

　こうした中身の濃いかかわりを通して、子どもたちは自分たちと願いを共有する人々と出会った喜びを深め、願いを実現する場としての地域を強く意識する。

　「リサイクルグループ」の暁子がリサイクル活動を「私の集めたすてきな物」としてとらえ、「ねこじゃらし公園にあげるプランターは、心をこめてねこじゃらし公園の人にわたしたいです。毎日ガンバッテ缶の整理をしたので、いいおくり物だと思います」と思いを込めて記しているのが象徴的である。

　このことはまた、学級の仲間をこの活動（良介の言葉を借りれば「僕達オリジナルの活動」）に協働で参加する同志として意識し、秀雄のように「やっぱりこのグループでよかった」という思いをもつことにもつながるのである。

　このように、子どもたちは地域の方たちとのかかわりを通して、自分たちが地域の中でともに生きていることを実感するのである。

第6章

生産者の思いにふれ、食と生活のあり方を問い直す
5年生「日本の食料生産」

　ここでは、子どもたちが、野菜の生産にかかわる問題について、地域の生産者を訪ねてその思いにふれながら自らの食と生活のあり方を見つめ、問い直した学びについて述べる。

1　仲間の発言から生まれた問題意識

　「農家の人に聞いたんだけど、店に出すものには農薬を使って、自分で食べるものには農薬を使わないそうだよ」と拓が発言した。すると、教室中から「えっ、本当？」「何で？」「どうして？」という声が上がった。

　これは、「野菜の生産にはげむ人々」の導入の授業の一コマである。みんなが好きな野菜や果物を出し合い、店先でどういうものを選ぶか話し合った。子どもたちから出た選択の基準は、次のようなものであった。「新鮮なもの」「日付が新しいもの」「安いもの」「栄養のあるもの」「おいしいもの」「叩いてみて、音がいいもの」「形が整っているもの」「色がつやつやしているもの」「虫がいないもの」「いたんでいないもの」「自然のままの形のもの」「自然のままの色のもの」

　どれももっともらしい。だが、この「もっともらしさ」の中に問題が潜んでいる。ここで、子どもたちに消費者としての立場をしっかり意識してほしい。そのことにより、子どもたちは農家の人々が抱えている問題が、消費者として

の自分とかかわりがあることに気づくことができると考えたのである。
　だが、子どもたちはこの後、大地の発言をきっかけに農薬を問題にし出した。

　　「店で売っているものならどれでもいいんじゃないの」（大地）
　　「店にある野菜にはみんな農薬が入っているんだよ」（裕也）
　　「今は堆肥が見直されているから、そうとは限らないと思います」（幸子）
　　「農薬は使っているかもしれないけれど、検査しているから大丈夫だと思う」（慎治）

　冒頭の拓の発言は、これに続いたものである。授業は、ここで終わった。この日の学習感想を見ると、拓の意見にふれたものや農薬についてふれたものがほとんどであった。
　私の当初の計画は、以下のようであった。まず、ここで話し合った「消費者としてどういうものを選ぶか」という観点をもとに、「生産者はどのような工夫をしているか」を学習していく。その後、生産者が直面している問題として農薬や地力の問題を追究する。
　ところが、授業をしてみて子どもたちの問題意識は、むしろ後者であった。そこで私は、農薬問題を入り口にして展開していくことにした。その方が、子どもたちにとって生産者である農家の人々を消費者である自分と、よりかかわらせてとらえられる。また、一人一人の子どもたちが、自分の立場をよりはっきりさせて追究できると考えたのである。
　実際、拓の発言内容は、私も文書資料としてもっていた。京都府のある農協組合長の発言である。

　　「見栄えが良くないと買おうとしない消費者には、農薬を使った野菜を売るにしても、せめて私ら百姓だけは安全な野菜を食べて長生きしようじゃないか、ということです」（朝日新聞経済部『食糧　何が起きているか』朝日

新聞社、1983、p.108)

　いずれ、農薬問題を考える時の資料にするつもりであった。それが、導入でいきなり子どもの口から出てきたのである。

2　仲間の見方・考え方を共有した追究
（1）農薬を効果と害の両面からとらえる

　子どもたちは、感覚的に「農薬って何か怖いな、嫌だな」と感じている。だが、何のために使っているのか分かっているわけではない。そこで、まず農薬をどのくらい使っているのか調べることにした。誰かが、資料集の「農薬に使う費用の変化」のグラフを見つけた。それを読み取ると、費用の上では農薬の使用は1984年では1960年のおよそ11倍になっている。

　子どもたちは、「何でそんなに費用をかけて農薬を使うのか」を問題にし出した。

　　「虫がつかないように、病気にならないようにするため」（理香）
　　「狭い耕地でもとれ高を増やせる」（道子）
　　「育ちが早い」（哲生・光枝）
　　「つやつや見せかける」（慎治）
　　「雑草を枯らせる」（優香）
　　「長持ちさせる」（拓・裕也）

　いろいろな効果が出された。だが、子どもたちには害の方が気になるようだ。「だけど……」と意見が出される。

　　「体に害がある」（礼奈）
　　「沢山使いすぎると」（幸子）

第6章　生産者の思いにふれ、食と生活のあり方を問い直す　　99

「そうすると寿命が縮まってしまう」（裕也）
「土を傷める」（智士）
「養分がなくなる」（幸子）
「固くなる」（百美）
「ずっと使っていると育ちが悪くなる」（秀雄）
「お金がかかる」（圭）
「まくのが大変だし、味が悪くなる」（光枝）

話し合いの後、彩花は学習感想に次のように書いた。

「やっぱり、みんなは見た目がきれいなほうが何となくいいし、しんせんのように感じるからだと思う。それに、もし農薬を使わなければ、虫がついたり、形が整っていないきたない物で売れなくなるとこまるので、農薬を使うのだと思う」

前段は消費者の立場で、後段は生産者の立場で考えている。両者を「売る—買う」「作る—食べる」といったかかわりから見ていくことを大切にしたい。だが、子どもたちにはまだ農家の人は見えていない。

（２）「農薬は体に害」という事実を追究する
　子どもたちは、農薬は体に害があると考えている。だが、それはその野菜を食べた人にとっての害という、ある意味では一面的なとらえである。
　そこで、私はこの点から農家の人に迫ってみたいと考え問いかけた。

「この前、礼奈さんたちが『農薬が体に害がある』と言って広い田畑の虫をいちいちとるのは大変だからと言っていたね。それは誰にとっての害なのだろう」

予想通り、何人もの子どもが「食べた人にとって」と発言した。それを受けて、大地と裕也が「すぐに害が出るか」「長い間経ってから害が出るか」をめぐって議論を始めた。以前観たテレビで若い農民が言っていた「今、人体実験をしているところだ」という言葉が思い出された。

　すると、圭が資料集の写真をもとに「農薬をまくのにマスクをしているから、つくる人にとっても害があるんじゃないかな」と発言した。みんなで確認すると、なるほどそうだ。そこで、私はこの事実を示すビデオ資料を見せた。子どもたちは、農薬で赤くただれ腫れ上がった農家の人たちの手や首筋を見て息をのんだ（TBSテレビ『なんてったって好奇心　野菜が危ない』1987.6.22放映）。

　そして、「それでも農薬を使うのはなぜだろう」と問いかけた。続いて、前時の2人の子どもの学習感想を資料として配布した。

　「『農家の人にとって』楽なんだと思う」（智子）
　「『買う人が』形や色つやのいい物をほしがるから」（菜緒子）

2人の考えをめぐって、次のような考えが出された。

　「広い田畑の虫をいちいちとるのは大変だから、農薬を使うんだと思う」（彩花）
　「体に害と言っても、買う人は虫が付いているより良いのではないかな」（千恵子）
　「最終的にはお金の問題だよ」（圭）
　「農薬にもお金がかかるけど、楽がしたいんじゃないかな」（智士）
　「やはり農薬を使った方がもうかるんだよ」（哲生）
　「そう、大量生産できるしね」（秀雄）
　「無農薬だってもうかるって話を聞いたけど、どうなんだろう」（正人）

「省力化」「儲け」といった、農家の人の生活にかかわる視点も出てきた。

千恵子は、買う人の立場で述べている。彼女は、虫が付いているのが嫌なのだ。現代の典型的な消費者の一人であろう。彼女は、みんなに次のように問いかけた。

　「みんないろいろ言っているけれど、みんなは一体、農薬入りと無農薬のどちらを買うんですか」

これに対し拓は、「無農薬野菜に必ず虫がいるとは限らない」と述べた。
千恵子は、これに対して学習感想で反論している。

　「私は、やっぱり反対です。それは、まえにブドウからクモが出てきたので、私は気持ち悪くて食べられなかった、ということがあったからです。だから、私は虫がいないかくりつが高い、農薬野菜を食べます」

自らの生活経験に根ざした意見である。子どもたちの中に、少しずつ考える立場の違いや葛藤が見られるようになってきた。

（３）「農家の人に聞かなくては」

前節の話し合いの中で、健太は次のような学習感想を書いた。

　「ぼくは、農薬を使って病気になってまでお金がほしいのか、病気になんないでお金が入んなくてもいいのかは、農家に聞かなくてはいけないと思います」

農家の人に迫りたいという意欲が感じられる。そこで、私は彼の見方・考え方をみんなに投げかけた。
　道子は、この授業についてノートに次のように記している。
　まず、健太の考えについては、「本当は農家の人達は使いたくないけど、せ

まい耕地から生産量を上げなければならないから使う。農家の人達はつらいと思う」と書いている。そして、千恵子の「売れないと生活が困るので使う」と佳織の「もうけがないと生活できない」という意見について、「これは、農家の人の言いたいことだと思う」と記している。

また、拓の「農薬を使わないと売れない」という考えを受けて、「こういうふうになってしまうから、農薬を仕方なく使う」と書いている。また、裕也の「仕方ないならやめればいい」という意見に対して、「私はこの意見には反対。やめてしまったら、全部輸入にたよらないとならないからやめない。それに、仕方なく農家をやっているんではなく、売れないから仕方なく農薬を使っているんではないのか」と反論している。学習感想には、「農薬の問題は、農家の人にとってはつかいたくない。消費者にとっては、きれいな方がいい。だから、農家の人は売れるために農薬を使う。農家の人達は、体に害がでても使う。消費者もそんなことを考えてほしいと思う」

道子は、健太の見方・考え方について、狭い耕地で生産量を上げなければならない農家の人の立場に立って考えている。そして、友だちの消費者の立場に立った「農薬反対。害がない方がいい」と、農家の人の立場に立った「農薬を使わないと売れない。生活に困る」の2つの意見に対して、農家の人に共感的に考えている。

2つの意見と言っても、子どもたちの立場はそれほどはっきりと分かれているわけではない。「農薬反対」の中にも、消費者だけの立場ではなく、農家の人にとっての害を考えている子どももいる。一方、「農薬を使わないと売れない」の中にも農家の人の立場だけでなく、消費者の立場で「やっぱり虫が付いていたら嫌だ」と考えている子どももいる。

私は、子どもが自分の中で葛藤を起こしたり、複数の視点で物事を見ていったりすることが、その子の考えを深めることにつながると考えている。道子の学習感想を見ると、話し合いの後も農家の人に寄り添って考えている。ただ、友だちの意見もふまえて、「売るために農薬を使う」という見方を加えた。そして、「消費者もそんなことを考えてほしい」と述べ、消費者の見方・考え方

と農薬問題のかかわりを考え始めている。

　まだ、自分も他ならぬ消費者の一人なのだという意識は前面には出ていない。だが、このように農家の人々の問題を自分に引き寄せて考えることを大切にしたい。

3　生産者に聞いて調べる
（1）授業と授業の間に動く

　健太の問題について話し合った2日後に、郁恵、智子、光枝、礼奈の4人が世田谷区内に畑をもつ秋山さんを訪ね、インタビューしてきた。子どもたちは秋山さんに2年生の時から小松菜取りや芋ほりでお世話になっている。その時の様子をＱ＆Ａで表現し、秋山さんとインタビュアーの役割演技で発表してくれた。

Q1「ここでは農薬を使っていますか」
　A「使っていないとは言えませんけれど、あまり使っていません」
Q2「あまりと言ったのですが、どういう物をつかっているのですか」
　A「使っているのは、木を枯らさないためのもので、虫を殺すのと違います。農薬を入れないと、木が駄目になってしまいます」
Q3「（農薬で）病気になりながらもお金がもうかるのと、病気にならずにお金もあまり入らないのとでは、どちらがいいですか」
　A「そうですね。病気にならないで売れてほしいです。農家は、働いて売り、売れた分しかもらえないのです」
Q4「仕事をやめたくなったときはありますか」
　A「ありません。昔からやってきたし、やめてしまうと暮らしていけなくなってしまいます」

　さらに、低農薬の完熟トマトをいただいてきて、スーパーのトマトと食べ比

べてみるということもしてくれた。

　ところで、Q３の質問は、まさに健太の見方・考え方である。「農家に聞かなくてはいけない」を受けて、実際に動いたのが彼女たちだったのである。友だちの見方・考え方を共有し実際に調べてみる、そんな子どもたちの動きを見て、ここに仲間と学び合うよさがあると感じた。

　その後、百美、郁恵、麻紀、菜緒子の４人が、やはり区内の飯田さんのブドウ園を訪ね、インタビューしてきた。前回同様、調査内容のＱ＆Ａ方式による発表と、みんなの質問に答えるものであった。彼女たちも、無農薬のブラックベリーをいただいてきて、みんなに分けてくれた。

　この授業の感想を、智子は次のように書いた。

　　「みんなが自分のためだけではなく、みんなのことを考えています。とってもいいクラスかなァ……と思います」

　このように、問題の追究をクラスのみんなの協働的な活動ととらえているのである。

　彼女は自分たちで秋山さんのところに調べに行った感想を、次のように書いている。

　　「私は、秋山さんのところへ行ってよかったです。みんなのためにもなったし、自分のためにもなったと思います。また、こういうきかいがあったら行きたいと思っています」

　また、正人は次のような感想を書いている。

　　「こういう授業は、資料集のような二次元（紙）のことからの授業より、わかりやすく楽しかったです」

正人は、追究の中で認識する事実のリアルさ、実感について紙媒体のものと比べて述べているのだろう。
　このように、自分でやってよかったと思える、友だちのよさを認められる、そんな学びを大切にしたい。

（２）無農薬野菜農家の大平さんとの出会い

　大平さんは、区内の専業農家であり無農薬で野菜をつくっている。日本有機農業研究会常任理事も務めている。私が子どもたちに見せたビデオ資料に出てきたのが大平さんである。その中で大平さんは、かつては農薬を使用していたが、農薬中毒で目や耳を患い、無農薬でつくるようになったと述べている。身近なところにこのような方がいることを知り、子どもたちは大変驚いたようだ。農家の人へのインタビューの３人目は、大平さんだった。菜緒子、芽衣、智子の３人が大平さんを訪ねたのだ。ご本人は不在だったが、畑を見せていただき、無農薬のきゅうりと大平さんが書いた本をいただいてきた。
　授業では、これまで同様の報告に、無農薬と店で売っているきゅうりの食べ比べをした。
　この授業の学習感想を有紀は次のように書いている。

　「今日のきゅうりを食べてみて、農薬を使うのは本当に見せかけだとわかりました。それは、まっすぐで、虫くいはないけれど、まずいからです」

　子どもたちは、無農薬のきゅうりの味を知ったのである。確かに食べ比べてみると、無農薬のきゅうりは香りが良くてみずみずしく甘味がある。皮も柔らかい。私たちは、普段食べ慣れているものがそのものの味だと思っているが、無農薬で完熟のものは「これが本当の味なのだ」と実感させてくれる。大平さんのきゅうりは、そのことに気づかせてくれた。
　この授業の後、大平さんの畑を見に行きたいという子どもが何人も出てきた。そこでみんなで見学させていただくお願いをした。大平さんの畑は、学校

から徒歩20分ほどのところにある。畑を見せていただき、大平さんにお話を伺った。大平さんが一番力を入れているのは、「生きた土づくり」である。それに欠かせないのが、「堆肥づくり」である。2か月もかけて好気性菌を完熟発酵させてつくる。これによって、微生物や小動物が活発になり、病害虫が驚くほど少なくなるそうである。また、農作物はある程度害虫の被害を受けるのが自然で、害虫を食う天敵もいれば野鳥も来る。そのバランスを大切にしているという。一方、化学肥料や農薬はそのバランスを崩してしまうのである。そして、連作障害を避けるために、畑の見取り図をつくり、計画的に輪作している。その他、「適期適品種」「適地適作」など、あくまでも自然にかなった農法をしていることを学んできた。

　こうしたお話を伺うと、現代の農業の見えない部分が見えてくる。

　雄士は、この時の感想を次のように書いている。

　「大平さんの畑は、堆肥を使っているようだった。やはり堆肥を使うと、マイノート（自由勉強帳）に書いたように、有機質肥料なので、土中の有機物もあまり減らない。けれど手間がかかるところが短所。ほとんどの農家はこの手間を省くために、農薬にたよっている。これから、農薬の量はふえると思うが、大切なのは自分の体や消費者の健康で、手間がかかり苦労すると思うが、ぼくとしては堆肥を使ってほしいと思う」

　彼は、自分で調べた化学肥料や農薬による地力の低下の問題とかかわらせて考えている。

　また、大平さんとの出会いが、自分たちの消費者としての見方・考え方を見直す必要性にも気づかされることになった。

　実は、ノートに次のように書いた。

　「今の人は、見ばえ、色、形を気にしている。無農薬の方は、形、色などが悪くて当然だ。でも、形、色が悪いとへんなんではないかなどと思って

しまう。これは、文房具などと同じ目で見ているからだ。無農薬の野菜とはどんなものかわからないと、つまり買う人がわからないと、無農薬の野菜はどんどん減っていくと思う」

　彼は、農作物を工業製品同様の目で見てしまっている消費者の見方・考え方を問題にしているのだ。

4　日本の食料生産の、何を、どう問い続ければよいか
　子どもたちが仲間と追究する時、「何を、どのように」問題にするかを抜きには考えられない。これからの社会をどう生きていけばよいのか、彼ら自身に問い続けてほしい。飽食の時代にあって、子どもたちの食生活を取り巻く問題は様々である。自給率の低下、輸入食品の安全性、地力の低下、連作障害、農薬、食品添加物……。これらの問題については、よく報道されるようになり、消費者の見方・考え方も変わりつつあるようである。

　子どもたちは、農薬問題を入り口にした「野菜の生産にはげむ人々」を意欲的に追究した。それは、子どもたちにとって農薬問題が農家の人だけの問題ではなく、消費者としての自分をも問い直さざるを得なかったからではないだろうか。

　もちろん、保護者の方々の食品の安全性に対する考え方も子どもたちに反映している。子どもたちのマイノート（自由勉強帳）には、これらの問題を取り上げたものがずいぶんある。玲子は、5月から輸入食品の安全性を追究してきた。

　この後、子どもたちは大平さんと対比する形で教科書の事例を学習した。子どもたちは、その違いの背景を追究していった。そして、1年間食べたいものが食べられる自分たちの食卓が、これらの大量生産―大量流通に支えられていることをとらえていった。

　道子は、ノートにも農業のまとめでつくった新聞でも「消費者と農家の信頼

関係」を問題にしている。私には、それがキャベツの産地で有名な群馬県嬬恋村を訪ねた時に、村長から聞いた「これからは、消費者が安心して食べられる、農薬をできるだけ使わない、安全な野菜づくりをしていきたい」という話と重なって見えた。

　子どもたちが仲間と共に追究した方向に社会が進んでいくことを、子どもたちと共に願いたい。

第7章

社会問題を通して自己と学級のあり方を見つめる
5・6年生「水俣とわたしたち」

　ここでは、水俣との出会いから生まれた子どもの願いを総合的に展開することで、子どもたちが自己と学級のあり方、そして本当の豊かさを問い直していった学びについて述べる。

1　「水俣とわたしたち」を学ぶ意味
（1）学級のめあてから

　5年1学期。新たな仲間たちと学校生活をスタートさせた子どもたちは、こんな学級のめあてをつくった。「みんなのお手本になるクラス―豊かでやさしく助け合う―」

　子どもたちは、生活の様々な問題場面で、学習の追究場面でこのめあてに照らして考え合ってきた。学級のめあては、この学級の子どもたちと教師が共に追究するテーマとして、生活や学びの中で問い直されるものなのである。

（2）「水俣・東京展」での坂本しのぶさんとの出会いから

　5年の10月に社会科見学で行った「水俣・東京展」。そこで私たちは、胎児性水俣病患者である坂本しのぶさんと出会う。自分たちの前で舞台に立って話をし、質問を受けて下さったしのぶさんの姿に子どもたちは感銘を受けた。そして、学級で取り組もうと考えていた「人の役に立ち、自分たちも楽しめる」

活動に、「水俣病の患者さんに何ができるか考え、役立ててもらえるようにしたい」という願いを位置づけることになった。

　子どもたちと相談して決めた学習計画の柱は、以下の3つである。

① 差別やいじめの問題について調べ、なくすためにどうすればよいか話し合う。
② 患者さんへの手紙の中身について話し合い、手紙を出す。
③ みんなに水俣病のことで知らせる内容、方法を話し合い、実行する。

こうして、社会科見学で坂本しのぶさんとの出会いから、子どもたちの願いや求めが総合的に展開する学びの場が生まれたのである。

（3）社会科での追究から

　子どもたちは5年の1学期に自分たちの豊かな食生活の裏側に潜む安全性にこだわり、農薬や添加物の問題を追究してきた。そこで、食生活と水産物とのかかわりで水俣病について調べ、報告する子どもが出てきていた。「水俣・東京展」に行くことで、子どもたちは工業的な暮らしの豊かさに潜む問題として、水俣病をとらえ直し追究していく。その後、表(おもて)としての文明の発展や科学技術の発達と、その裏側の公害・環境問題について調べながら、環境を生かした生活のあり方に豊かさを見出そうとしていった。つまり、"豊かさ"を追究する視点として「文明の発展」「環境を生かす」「人間関係」が生み出されたのである。これらの視点を、6年生での歴史や政治についての学びの中に生かしていこうということになったのである。

　6年生になって、歴史の中に次の4つの視点から豊かさを探ってきた。
○人間関係　主に身分の差や貧富の差、主従関係などで、子どもたちは当時の
　　　　　　人々の関係に公平さや信頼感を発見しようとしてきた。
○政治（中心と農民）　その時代時代の中心になる人たちが、どんな政治を行っ
　　　　　　てきたか、それは常に世の中を支える農民たちにとってどうだっ

のかを、子どもたちは問い続けてきた。
○文化　　　それぞれの時代に生み出される文化に、子どもたちは心の豊かさを見つけようとした。
○外国との関係　古来から日本は、外国とかかわる中で政治の制度や技術、文化など多くのものを取り入れてきた。近現代へと進むにつれて世界的な動きの中で摩擦や争いが前面に出てきている。

　このように子どもたちと私は、人と人、国と国との関係や、人間と社会が生み出すものの中に、"豊かさ"を見出そうとしてきたのである。

（4）「明治の日本と田中正造」の学びから

　6年の2学期に、国語と社会を統合して、「明治の日本と田中正造」を学んだ。足尾銅山の鉱毒事件は、日本の資本主義の発展の陰で生み出された公害という点で、水俣病と重なるものである。私は、この問題に農民とともに命を賭して取り組んだ田中正造と出会うことで、子どもたちがもう一度水俣への学びを甦らせてほしいと願っていた。すると、追究していくうちに子どもたちは「水俣」を再び学びのメニューに復活させてきたのである。

（5）「6の3　水俣展」に向けて

　このように、子どもたちと私は"本当の豊かさを求めて"という学級のテーマをある時は意識しながら、またある時は見失いながら、様々な教科等の学習場面や生活場面で、粗密のある織物のように紡いできた。卒業を控えて、子どもたちは小学校生活のまとめの一つとして、みんなに水俣病のことを知らせる「6の3　水俣展」を開くことにした。そこでは、子どもたちがこれまでに学んできたことを、自分の言葉と方法で作品に表現し、人に伝える活動が展開される。それを通して、子どもたちは坂本しのぶさんの気持ちに応えようとしたのである。

（6）現実に抱える問題を乗り越える力になるか

「水俣とわたしたち」の学びが本当に子どもたちと私に力を与えるのなら、現実の学級生活やそこでの人間関係における問題を乗り越える手がかりを得られるはずである。これは、佐藤学の言う「学びの共同体」が、この学びを通して成立するかという問いでもある。

佐藤は、「学びの共同体」と「学級集団」の創意を3つ上げている（「『個の佇立』から『学びの共同体』へ」『ひと』1998年3月号、太郎次郎社、pp.20-22）。

① 「学びの共同体」は、〈同一性〉に対する闘いによって達成される〈差異〉を尊重しあう共同体である。「差異」を尊重し「差異」（そこは差別が生みだされる場所でもある）に身を投じる〈学び〉の実践において現出する「共同体」である。

② 「学びの共同体」は「生活共同体」とは異なり、学習課題に対して一つの教室のなかに多元的・複数的に生起する共同体（共同体的な絆）で、文字どおり〈学び〉を通して築かれる〈絆〉である。

③ 「学びの共同体」は、教室を越えて新しい生き方と社会原理の探求につながる共同体で、これからの社会は、個として自立すると同時に、互いの差異を尊び互いに学び合いながら生きる社会を築いていく必要があり、「学びの共同体」の追求は教室にとどまらず、私たち大人もふくめた新しいライフ・スタイルの追求でもある。

こうした視点からも、「水俣とわたしたち」を学ぶ意味があると考えた。

2　「水俣とわたしたち」の教科横断的な展開

「水俣とわたしたち」は、社会科における教科の学びを国語や総合学習、特別活動と関連づけて、教科横断的・総合的に展開したものである。以下に展開計画を示す。

（1）目標

　水俣病やその患者さんとの出会いから生まれた心の動きを学びへの願いや求めとつなげる。それを出し合い、学級での学びの意味を見出しながら学習計画をつくる。そして、水俣病が発生した社会的状況をとらえるとともに、患者さんの気持ちに寄り添いながら自らの生き方や社会のあり方を問い直す。そこで学んだことを表現し、他の人たちや患者さんに伝える。こうした一連の学びを通して、「本当の豊かさとは何か」を追究する。

（2）展開計画（子どもの考えを加筆してある　○数字は時数）

【5年生】

| 1．「水俣・東京展」に行こう。②　【社会科】

　○「水俣・東京展」を見学する。
　　・胎児性水俣病の患者さんである坂本しのぶさんのお話を聞く。
　　・見学して分かったこと、考えたこと、思ったことなどをまとめる。

| 2．坂本しのぶさんはどんな思いで舞台に立ったのだろう。①　【関連・道徳】

　○坂本しのぶさんの思いを想像する。
　　・水俣病のことを知ってほしい。
　　・水俣病にかかった人たちの気持ちを考えてほしい。
　　・水俣病とに重い病気で差別され、いろいろな事と闘わなくてはいけない。
　　・今も水俣病は終わっていないという事を言いたかった。
　　・どんなに人間は勝手か、今も苦しんでいる人はいると訴えたい。
　　・人間が起こした過ちをよく知ってほしい。
　　・もう二度とこんな事が起こらないようにしてほしい。

| 3．これからの学習の進め方を考えよう。①　【関連・国語・道徳・学級活動】

　○学習計画を立て、学習に見通しをもつ。
　　・水俣病の患者さんに何ができるかを考えて、役立ててもらえることをしたい。
　　・水俣病のことをみんなに教えるのを手伝う。
　　・励ましの手紙を書くなど、まずできることから始める。
　　・他の公害病とどこが共通しているか調べる。
　　・水俣病のことについてもっと調べてからみんなに伝えたい。
　　　→国語とつなげよう。
　　・どうしたらいじめや差別がなくなるか考える。

・学級のめあてとつなげて考えたい。
　　→道徳の時間を中心に。

<u>４．水俣病や他の公害病について調べて文章にまとめよう。⑤</u>　【統合・国語】
　○国語の説明文教材を参考に、自分で調べたいテーマについて構成を考え、資料を集めて文章に表現する。
　　・題をどうするか。
　　・読む人に一番伝えたいこと、訴えたいことは何か。
　　・きっかけ（話題、呼びかけ）に何を書くか。
　　・説明するための出来事や調べる中身は何か。

<u>５．３学期の学習の進め方を相談しよう。③</u>　【以下総合】
　○２学期を振り返りながら、３学期の学習の見通しについて話し合う。
　　・［調べる］については、水俣病や公害病のことを調べて文章にまとめた。
　　・［考える］については、クラスのめあてとつなげて問題点について話し合ったが、差別やいじめの問題については話し合っていない。
　　・［学級活動］でしようと言っていた３つのことはこれからだ。
　　・では、次のようにしよう。
　　　①差別やいじめの問題について話し合う（水俣、クラス）。手紙も意識して。
　　　②手紙の中身（①やその他のこと）について話し合う、書く、出す。
　　　③みんなに知らせる内容、方法を話し合い、実行する。

<u>６．〈差別やいじめをなくすために〉
　水俣の人たちはどんないじめや差別を受けたのだろう。⑤</u>
　○水俣の人たちが受けた差別やいじめについて調べ、どうすればなくしていけるか、自分たちの生活とも重ねながら考え合う。
　　・文章にまとめた時に「差別やいじめ」について調べた人に発表してもらおう。
　　・おつりをさおで渡す、井戸を共同で使わせてくれないなど。
　　・伝染病だと思われていた。
　　・「される側の気持ち」と「する側の気持ち」を考えていこう。
　　・人の心の中には優しい心と醜い心があることを認めなければならない。
　　・私たちのクラスにも差別の問題があり、言われた人は水俣病の人たちと同じ心をもっている。
　　・自分の気持ちを自分で乗り越えられるだろうか。

<u>７．自分やクラスの生活をどのように見つめ直せばよいだろう。②</u>

○差別やいじめをなくすために、自分たちはどうすればよいか考え合う。
- 最初は自分の心を見つめ直して、自分の心がよくなればクラスの生活にも生きてくる。
- 人が悪いと思ってしまうことが自分も悪い証拠。まずそういうクラスの生活を見つめ直してから。
- みんなが本当に「豊かでやさしく助け合う」を心に刻んだときにできると思う。
- 最終的にに同じ事なので、自分でどちらを先に考えるか決め、見つめて考え、みんなで話し合う。

【6年生】

8.「6の3 水俣展」を開こう。⑳

○みんなにどんなことを知らせたいか、互いの考えを読み合い話し合う。
- なぜ6の3で水俣展に取り組んでいるのか。
- 何を学んだか（患者さんの苦しみ、差別）。
- 水俣病を学んでどんな考えをもったか。

○どんな方法でみんなに知らせるか考える。
- ホームページ　・ポスター　・みんなの広場　・新聞
- 「6の3 水俣展」にすれば、個々に出ている全ての方法が入る。

9.「6の3 水俣展」や話し合いをふまえて、しのぶさんに手紙を書こう。④

○これまで学んだことをもとに、しのぶさんに手紙を書く。
- どんなことを伝えるか。
  しのぶさんの話を聞いてどう思ったか。患者さんの思いをどう受け止めたか。
  「6の3 水俣展」について。水俣から学んだこと。
  差別やいじめについて話し合ったり考えたりしたこと。
- 書いたものを1冊にまとめて贈る。

10. 社会科とつなげて「本当の豊かさ」とは何か考えよう。②

○私たちはどんな「豊かさ」を求めるのか話し合う。
- 自然や環境を大切に。経済優先ではなく、人を大切に。
- 人の命を第一に考え、社会が動いて初めて豊かという。
- 人だけではなく、さまざまな生き物の命やものを大切にしたい。
- 人の気持ちや苦しみが分かって行動できるように。
- 坂本しのぶさんや星野富弘さん。田中正造らから学び、自分をしっかりも

った生き方を。
・自分の心の中の差別と闘い、信頼し合える人間関係を。
・中学生になっても問い続けていきたい。

3 一郎の出を支える教師、響き合う仲間

　前節の展開計画6の2時間目。前時に「〈差別やいじめをなくすために〉水俣の人たちはどんな差別やいじめを受けたのだろう」という学習問題が設定された。そして、水俣病の患者さんたちが受けた差別やいじめについて、おつりをさおで渡されたこと、井戸を共同で使わせてくれなかったことなどが、調べた子どもたちによって発表された。
　本時では、「される側の気持ちとする側の気持ちを考えよう」ということになった（120～121ページの本時案参照）。
　一郎は、前時のノートには「ぼくは、差別やいじめをなくそうとする仲間が必要だと思います。それは公害のことを知らせるということです」と記してあった。彼にしてはまだ考えが深められていないと考え、私は指導案の座席表に「授業までにどう深めてくるか期待」と記した（本時案の座席表⑤）。授業当日の朝、私の机の上に一郎のノートが置いてあった。そこには、次ページのような文章が綴られていた。

　前時から本時までの間に、一郎は水俣と学級、そして自分のことを見つめ、問い直し、考えたことをノートに表現した。この考えは、どこから生まれたのだろうか。
　一郎は、1学期の学級のめあてを決める際に、「みんなのお手本になるクラス—豊かでやさしく助け合う—」の「豊かで」にこだわり、めあての中にこの言葉を入れる提案をした。
　それ以来、1で述べたように子どもたちは生活や学習の様々な場面で、このめあてに照らして自分たちのあり方を問い直してきた。一郎は、人一倍正義

ぼくは、「する側」「される側」「なくすために」というのをつなげて考えたんだけど、長いけど、水俣病の人たちは病気になって苦しんだが、それと同じ位、他の人に苦しめられた。「市や県のはじだからさわぐな」と言われたり、「水俣病と言えば国や県からお金がもらえるから、そう言っているだけだ」とか、チッソの廃液と病気の関係は科学的に証明されないとか、「患者がそれを証明しろ」と言われて苦しんだ。

　今、「水俣病の患者は気の毒だ」とか「チッソは悪いヤツだ」というのは簡単だ。もうどちらが悪くてウソをついていたかが分かった後で、それらの人たちを非難するのは楽だ。しかし、そのように言う人は次の水俣病や薬害の広がりを防ぐことができるのだろうか？水俣病が広がっていったのは、自分のことしか考えない学者や、役人や医者にも原因があるが、実はそれを見てみないふりをしている沢山の人がいたからではないか？「自分には関係のないことだ」とか他人の苦しみを何とも思わない人が居たからではないか？

　今、クラスの中では「イジメは悪いことだ」「イジメを見つけたらやめさせる」とか「人を思いやる豊かなクラスにしよう」と言う人は多い。しかし、本当にイジメをやめたのか？イジメは悪いと言いながら、やっぱりイジメをしているのではないか？ウソばっかりついて平気な人が多いのではないか？水俣病の時も多くの人が患者をいじめ、自分を守るためにウソをついた。どうせ自分には関係ないと思って、本当のことに目をつぶった。クラスの中で口で言うのとは反対にいじめをしたり、毎日ウソをついたりしている人は、水俣病を起こしたチッソや拡大を防がなかった人と同じ種類の人だからだ。

　水俣病が昔の遠い場所のできごとだと思っている人は、自分たちのクラスにもよく似た病気、水俣病ではなくて水俣病を防がなかった人たちの病気の広がりに気がつかない。「そんなものはありませんよ」と言うだろう。しかし、そういう人が次の薬害エイズ、水俣病を生み出すのだ。

　人の心には優しい心と醜い心があることを認めなければ、醜い心に支配されることを防ぐ事はできないと思う。

5年3組　座席表・社会科～総合学習指導案

〈本時の目標〉
　前時に友だちが発表して話し合った水俣病の患者さんが受けた差別やいじめについて、資料をもとにさらにくわしく調べ、差別やいじめを「される側」と「する側」の気持ちを考え合う。そしてそれを「なくすために」を考えていこうとする自分と、「してしまっている」自分がいることに気づく。

38　どちらの立場で考えてくるか発言に期待したい。	10　「大工さんになるのは大変」みんなが納得する意見をどこで出す。	
36　前時欠席。「相手の気持ちを考えて」という視点で発言するか。	3　「される側の気持ち」を自分の体験と重ねている。出られるか。	
27　「なくすために」を考える場面で出られると予想しているが。	4　「人とのちがいを言わない」で出ると、3も出られると思うが。	
34　司会「される側」の視点友だちの意見を聞いてどう深める。	7　「患者さんが喜ぶことを願おう」をどういう視点で考えるか。	
24　「する側」の気持ちの背景をとらえている。出るよう声をかける。	8　前2時間欠席。調べているので「自分がされたら」の視点だろう。	
30　「きちんと調べていれば」という視点をもつ。出る場を共に探る。	11　「する側」のひどさを指摘。自分をどこで重ねていくか見たい。	

＊始めは係の子どもと進行や板書をし、徐々に㉖の子どもを中心に発言内容や出る時期の相談をする。

	17　「こうすれば」という考え。「べき」と実際のズレを意識するか。	⑤　「公害を知らせる仲間が必要。」授業までにどう深めてくるか期待。
20　友だちの発表をよく聞いて考えた。「相手の気持ちを」で出るか。	23　司会「患者さんの気持ちを考えて」まとめと考えの深めを。	25　患者さんに「強さ」を感じる。一緒に出た場合、自分の考えは。

〈本時の評価〉
○差別やいじめをされる側やする側の立場を意識して、その気持ちを考えることができたか。
○自分の心の中の「する側」の存在に気づいたか。
〔子ども〕
＊個や学級への支援や出は適切だったか。〔教師〕

〈予想される本時の展開〉
○前時の友だちの発表や資料をもとに、差別やいじめを「される側」の患者さんの気持ちと「する側」の人たちの気持ちを考えながら、今の自分やクラスと重ねてみる。
［される側の気持ち］
　・悲しい　　　　　　　　（6）
　・友だちがいなくひとりぼっち　（10）
　・兄弟まで友だちがいず、つらい思い
　・すごいショック　（19）
　・心が傷ついている　（34）
　・「まわりの人たちのささやきが耳に痛いようにつきささ」る
　・なりたくてなったわけではない　（13）

　知らなかったのならしょうがないのだろうか

　・自分を守りたい一心でやるかも　（22）
　・でも、「される側」の気持ちを考えると
　・人は自分とちがう体質や体格の人をおそれる　（2）
　・悪口を言うのを見かけたことがある　（33）
　・体の不自由な人をよけたりした　（35）

　私たちのクラスにも差別はある。水俣病の人たちを差別したのと同じ心をもっているのでは？
　　　　　　　　　　　　　　　　　　　　（26）
　・自分は友だちを差別していないのだろうか
　・（26）さんの言ったようなことはよくある
　・これはどう考えればいいだろう
　・やはり相手のことを考えていない　（14）
　・相手を大切に思っていない
　・好きな人は大切にして嫌いな人は大切にしなくてもいいと思っているのでは
　・ここでの「おみつさんと大工さん」だ　（10　29）
　・「自分の気持ちを自分で乗りこえられない」
　・道徳と同じ問題が　（22）
○次時の見通しをもつ。
○友だちの考えともつき合わせながら、この時間に考えたことを振り返って学習感想を書く。

東京学芸大学教育学部附属世田谷小学校
5年3組38名（男子19名、女子19名）
授業者　内山　隆

＊両者の気持ちと「こうすれば」が
　同時に出ることが考えられるの
　で、板書で整理する。

33 体が不自由な人に寄り添って考えている。出る場を共に探る。	2 「する側」の気持ちを洞察。学校と水俣の違いを言うがその後は。
28　日頃から人の気持ちをよく考える。どこで出るか相談に乗る。	6　両方の視点から考えている。自分とどのように重ねるか。
22　前時欠席　司会　道徳の問題と重ねている。自分をより意識するだろう。	9　2の発表の看護師を非難した資料からどちらの視点で出るか。

[する側の気持ち]
・重大と思っていない
・気楽で気にしていない
・相手の気持ちを考えていない　　（14　20）
・伝染病、奇病がうつると思っていた
・楽しんでやっているんだとは思わない　（28）
・「うつりたくない」「あんな風になりたくない」

21　される側に立ち、自分の心も問うている。出られるよう支える。	12　くらしの犠牲としてとらえる。どこにつなげて出るか見守る。
㉖　クラスの具体例を出している。発言を促して話し合いをゆさぶる。	14　「する」「される」「なくすために」を整理。では自分は。

　　　　　　　　　　　うわさを流したのはだれか
　　　　　　　　　　　最初から調べていれば　（30）

・知らない病気でしょうがないかも　（24）
・ぼくたちも知らなかったら笑ったりしていた？　　（1）

▶ なくしていくためには？　　しのぶさんのように　（23）
・気持ちや苦しさを知る　（28　29　37）◀
・相手の身になって　（20　27）◀ 助け合う　（14）
・体格、テンポで差別しない　（3）
-----人とはちがう性質を言わない　（4）　支える
　　　　　　　　　　　　　励ます（16　17　25　32）

18　前時欠席。友だちのノートと資料を読んで、どこで出るか。	16　「される側の気持ちを深めたい」。資料から読み取ってくるだろう。	15　前日欠席。「差別やいじめをなくし…」もう一歩突っ込みを期待。	31　前2時間欠席。資料や29との相談から、「される側の気持ち」か。
19　「される側」の立場でよく考えている。一貫した立場がもてるか。	13　「される側」から大変よく考える。自分とどう向かい合うか。	①　「自分たちも水俣を知らなかったら」と考える。いつ出るか相談。	29　患者さんの「強さ」を感じる。自分の心とどう向かい合うか見守る。
	32　「される側」で考える。「する側」をどのように位置づけるか。	37　「まず患者さんの気持ちを知る」「される側」をどう深めるか。	35　前日欠席。「してしまっている自分」を意識。出を支えたい。

第7章　社会問題を通して自己と学級のあり方を見つめる

感が強く、水俣の学習に対しても、患者さんたちが受けたいじめや差別について問題意識をもっていた。彼は、前時の授業後に家で父親とも話し合って考えをまとめてきたようである。

どの子どもも、大きく伸びようとする時がある。それを見とり、仲間たちの中に出ていけるように、そしてよさとして共感されるように支えるのが教師の役割である。いわば、仲間の前にかけがえのない者として「出現」する授業空間を構成するのである。

私は、彼がこの考えを出した時が本時の山場になると考えた。そこで、一郎とこの考えの出し方について相談した。そして、発言としてこのノートを読むのではなく、ノートをコピーしておき、発言のタイミングでみんなに配布してじっくり読んでもらえるようにした。また、発言のタイミングについては、友だちの発言を聞きながら考えるように助言していた。

一郎の発言を受けて、裕が手を上げた。

「ぼくは、一郎君と大体似ていて、その人の気持ちが分かればいいなあと思います。もし、ぼくたち5年3組が水俣病のことを勉強していなかったら、『水俣・東京展』に行った時に坂本しのぶさんを見て笑っていたと思う。5年3組も差別やいじめをやっていると思う。それは、まるで水俣病の人を差別した人のようになってしまうのだろうかと思った」

裕の考えは、本時の目標につながるものだったが、自信をもてていなかったため、本時の中で彼と相談しながらどこで出るかを探ることにしていた（本時案の座席表①）。だが、一郎の発言によって、彼は自ら出てきた。

麻衣子も、前時のノートにクラスの問題を取り上げて具体的に考えていたので、彼女が発言すれば子どもたちが自分を見つめ直すきっかけになるだろうと考え、タイミングを見て発言を促すつもりであった（本時案の座席表㉖）。一郎と裕の発言につなげて、麻衣子も自ら発言した。

> 「一郎君と裕君につながるんだけど、差別、これを私たちのクラスに与える言葉にすると、『お前に言われたくない』。……私たちのクラスにも差別が生まれている。水俣病の人たちよりもスケールは小さいけれど、同じ仲間の差別やいじめだと思う。私たちも同じ心を言われた人はもっている。……逆にいじめた人たちは、そのレジの人、看護師、高校生、住民の人たちと同じ冷たい心をもち、そして意地悪な心をもっていると思う。私たちのクラスも、差別やいじめのないクラスにしたいです」

　一郎の「出現」とその考えが裕や麻衣子に共感され、その共感が彼らにも自信と勇気を与えて発言のつながりを生み出したのである。
　授業の最後に、次の時間の学習問題を決める時、この日の司会の英子が次のように提案した。

> 「今日はする側とされる側の気持ちは出尽くしたと思うので、次回はそれをなくすためにはということを、一郎君や裕君が言ってくれたことも含めて考えていこうと思うんですけど、みんなはどうですか」

　彼らの考えが共有されることによって、子どもたちはこの問題が他人事ではなく、クラスの生活や自分の心の中にも存在するものであることに気づき、それと向き合うことを迫られる。こうして、一郎の考えが裕から麻衣子へ、そして英子へと響き合い、学級の仲間に次時の学習問題として共有されたのである。

第8章

学級という社会のあり方を構想する
6年生「学級憲法づくり」

　ここでは、子どもたちが学級という社会のあり方について、これまでともに生活し学ぶ中で大切なことを共有し、学級憲法として構想、表現していった学びについて述べる。

1　知識を獲得することと生きること

　ある研究会で、こんな報告を聞いた。関西のある高校で、教室の机に落書きがしてあった。それは、オバケのQ太郎の替え歌で、被爆者をからかう内容のものであった。報告者は、この替え歌の作者が被爆するとどうなるかを知識として知っており、そのことがむしろ差別意識を強めるような方向に働いていることが問題であると指摘していた。同様のことは、障害をもつ人や外国籍の人々に対しても言えるということであった。

　知識とは本来、その人間の生き方と深くかかわって獲得されていくものであるはずである。学んだことは、その人の自己実現に向けて、またよりよい社会へ向けて生かされていくはずである。ところが、先の例にもあるように、知識を得たことがかえって人の心を傷つけたり、基本的人権を侵害したりするようなことが起きている。一方では、学ぶことと生きることが分断され、知識がその人間の生き方や価値観とは何のかかわりもなく、テストや受験のために暗記される。

なぜ、こんなことになってしまったのか。教育が人間形成につながらず、「〜のため」の手段になってしまっているのではないか。学校が、そして教室が真に自由で平等で、民主的な場になっていないのではないか。

　以下に述べる学級憲法づくりは、6年間の小学校生活のまとめとして、また社会科学習のまとめとして、さらには学級づくりのまとめとして取り組んだいわば"卒業単元"である。そこには、2年間の学級での生活の中で子どもたちが獲得した知識や価値観が表現されている。それは、子どもたちの学級という社会のあり方を追究した成果作品でもある。

2　日本国憲法を手本に

　学級憲法づくりの前に、子どもたちは十五年戦争をもとに、何のために戦争をしたのか、なぜ防げなかったのか、そしてどうすれば戦争が防げるのかといった問題について考え合ってきた。その中で日本国憲法の第九条にも出会いながら、次のように考えを進めてきた。

> 「一人一人がしっかり考えを持って、他人の言葉に流されないようにすることが、まず一つだと思います。……めんどうなことには目をつぶる、ではなく、常に正しいと信じたことをみんなに呼びかけることだと思います。……私にとっての問題点は、えらい人がどうのこうのじゃなくて、私達は何を考え、何をすればいいのかを具体的に真剣に考えることだと思います」（玲子）

　彼女の考えに共鳴する仲間がたくさんいるのを見て、私は彼女の言う「私たちは何を考え、何をすればいいのか」に対する彼らなりの答えを、この学級憲法づくりを通してぜひ引き出したいと考えた。

　まず、日本国憲法の三大原則や構成を学び、学級憲法の原則を考えた。

「何事も話し合いで解決」（郁恵）
「みんな平等、差別なし」（光枝）
「主権はみんなに」（雄士）
「相手を信頼する」（圭）

いろいろ出たが、この4つが仲間から多くの支持を得た。千恵子はノートに次のように記している。

「やはり内容に、学級をよりよくするためのものであって、しばりつけるためのものではいけないと思う。また元帥とか絶対的な存在をつくらない方がよいと思う。みなが平等であることが必要」

ここには、歴史学習で追究した民衆史的な視点が生きているように思う。

次に、構成を考えた。有紀案、圭案、裕也案をもとに日本国憲法を参考にしながら検討した。そして、班ごとに分担して条文づくりをし、一つ一つ吟味検討していった。

3　6年1組学級憲法

第一章　みんな

第1条　みんなは、六年一組の主権者である。
第2条　六年一組は、みんなの力でつくり上げていく。
第3条　きまりは、必要になったときにみんなの意見をもとにつくる。
第4条　クラスの代表は、みんなの投票によって決められる。

第一章は、他に先生、先生とみんなという案も出たが、主権者であり、クラスのシンボルであるみんなにするべきだという考えが圧倒的であった。私は、とても嬉しく思った。もし、第一章が先生だったら、肝心なところで彼等は

「先生が決めてよ」という無責任さを容認してしまうことになると思ったからである。この第一章に表現されているのは、単なる権利意識ではなく、「みんなで責任をもってつくり上げていこうじゃないか」という当事者意識であるととらえたい。

第二章　暴力の放棄

> 第5条　争い事（人間関係を含む）が起きた場合、暴力は使わず平和的に解決する。
> 第6条　解決法に関しては、話し合いで行う。
> 第7条　話し合いをする場合は、積極的に、しかも相手と対等な立場に立って冷静に行う。
> 第8条　話し合いをするときは、感情的になったり後でかげ口を言ったりしないようにする。
> 第9条　話し合いは中途半端なところでやめず、お互いの心が分かり合えるよう、最後まで努力する。

この部分が最も議論になった。戦争の学習や日常生活の友だち関係と密接にかかわる問題だからである。「もめ事を解決するのにケンカは必要か」どうかで意見の対立や葛藤が見られた。

　「私は、話し合いだと思います。暴力は人を殺しかねないし、話し合いで解決できない場合はと考えると暴力になってしまうけど、解決できないものはないと考え、話し合いがいいと思います」（芽衣）

彼女のような考えが主流であった。だが、この問題はそうきれいに解決しない。次のような葛藤もある。

　「……お互い理解をし合い、心を分かり合えるような話し合いをすれば終

わりもスッキリしてよい解決法になると僕は思う。しかし、この授業をした後、僕は大きな誤りをしてしまったのです。口では心を分かり合える話し合い、と言いましたが、僕はイアツ的な言葉で相手を攻め立ててしまい、心を傷つけてしまったのです」（智士）

彼のノートから、この問題と正面から向き合い、自分を省みる姿勢が読み取れる。学級憲法づくりが単なる言葉の上での問題ではないことを示している。一方、次のような意見も出され、話し合い解決派と意見が対立した。

「言葉の暴力は、心が傷ついたり、後に残るけど、ケンカでやると、なんかすっきりするんじゃないかなあと思う」（周一）

これに対して、哲生はこう考えた。

「暴力を使うとけっきょく強いやつが勝ち、暴力で正当化されるから、けものの世界と同じで、弱肉強食であり、……今、このような暴力で解決する考えを持っていると戦争主義になってしまうし、暴力を使ってみんなをおさえるというのがでてくるから、よくないと思う」

彼の考えに納得する者が多かった。だが、周一が言うように、言葉の暴力も問題ではないかということになった。このことに対して、哲生は次のように書いている。

「暴力といえば言葉の暴力もあり、力の暴力を禁止したからといってそれだけですむ問題ではないと思う。その前になにが必要か？ということだが……信頼というのが大切だと思うが、それにたどりつくまでにはべつの事が必要と考えた。僕は相手の気持ちを考えてというのが信頼できる関係へのワンステップで、まずこれを考えたほうが良いと思う。つい相手のこと

を考えないできついことをいってしまうとか、そういうのをなくすためにもこのことは大切だと僕は思う。次に、信頼関係が作れると思うし、卒業まであとわずかだが、クラスの中でももっと休めるあたたかい感じができるといいと僕は思っている。だから、信頼ということは、もめごとの解決法だけでなく、真の友人関係などができることにもむすびついてくると思うし、そのためにも相手の気持ちを考えるということから考えたほうが良いと思う」

　少し引用が長くなったが、ここには彼の問い続け追究する姿勢がよく表れている。暴力をなくすにはお互いの信頼が大切だが、信頼にたどり着くには「相手の気持ちを考えて」が必要と考えている。これは、5年2学期につくった学級のめあてである。それはことあるごとに見直され、ここでもまた再確認されたのである。また、彼は卒業に向けて学級をこうしたいという思いをしっかりもっている。

　以後、この問題をめぐって、戦争の学習の時にも問題になった「無関心はいけない」とする裕也や実、仁に対して、日頃の経験から「けんかした人同士の無関係はいけないけど、けんかに関係ない人が話し合いに加わるとどうしてもうまくいかないから、本当に無関心じゃない人は、逆に話し合いには加わらない」と反論する子どもたちもいて、まず当事者同士が条文にあるような姿勢で話し合うということになった。

　何か問題があると、納得するまで話し合ってきた経験が生かされたようである。

第三章　みんなの権利及び義務

第10条	自由に考え、発言する権利がある。
第11条	みんなが平等に扱われる権利がある。
第12条	学校のいろいろな施設を利用する権利がある。

第13条	健康で安全な生活をする権利がある。
第14条	授業に参加し、友達の発言をよく聞く義務がある。
第15条	学校生活をよりよくするための活動に参加する義務がある。
第16条	自己中心でなく、相手の気持ちを考えて行動する義務がある。

第10、14条は、次のような子どもの学習観とかかわりがあるように思う。

> 「自分達で授業を進めていき、疑問や意見を出し合いながら話し合っているのがいいと思う。人に話（聞きたい人の）を聞いて、ノートに自分の考えをかけていいと思った。資料を見て考え、友達の意見を聞いて考えるのがいいと思う。歴史は、これが絶対という答えがないからおもしろいと思う」（理香）

　自分たちで授業を進めていく中から、自由に考え、発言することや、授業に参加し、友だちの意見をよく聞くことの価値をとらえていったのではないだろうか。
　また、先の哲生のノートにあった「相手の気持ちを考えて」は、第16条に条文として位置づけられた。

第四章　学級会

第17条	いかなる問題も学級会にかけることができる。集会の計画などの他に、学級の問題点や月のめあても話し合う。
第18条	学級会には、クラス全員が参加する。
第19条	学級会は、基本的に週に一度開かれる。
第20条	議題は、だれでも提案することができる。
第21条	話し合いは、冷静かつ公平に進める。
第22条	話し合いの決め方は、最終的には多数決で行う。ただし安易には行わず、みんなが納得できるよう努力する。

学級会は、よりよい学級づくりをしていくための極めて自治的・自発的な活動の場である。そこでは、仲間と共に楽しみを生み出していくと同時に第11条や第16条にかかわって何か問題がある場合にじっくり話し合いをし、自らの生活を問い直すことができる。こうした活動を通して、子どもたちの当事者意識を育て、仲間意識を高めていくのである。

第五章　学級の組織

第23条	学級代表は、クラスの中から話し合いによって選出する、
	②学級代表の任期は、一年とする。
	③学級代表はクラスを代表して代表委員会に出席する。
第24条	日直は、毎日二名ずつ交代で行う。
	②日直は、学級の一日の生活を運営する。
	③日直は、できる限り自主的に授業の運営をする。
第25条	係活動は、やりたい者同士が集まり、やりたい仕事を行う。
	②係の任期は一学期間とする。
	③各係は、必要に応じて帰りの会などでみんなに連絡やお願いをする。
第26条	当番（掃除・給食）は班ごとに分担して行う。
	②当番は一週間交代とする。
第27条	上記の役割を、一人一人が責任をもって行うようにする。

　この学級では、日直がその日の学級生活全般を運営する。日直は一日交代で必ず全員が経験できる。リーダーを固定せず、誰もがリーダーとフォロワーを経験することが、責任感や協調性を育てることにつながると考えたのである。
　当初、人が日直の時に協力しないということが、帰りの会でよく話題になっていた。だが、授業の時間になると担任がいなくても日直を中心に授業を始めているという姿が見られるようになった。

第六章　先生

> 第28条　みんなの気持ちを考えて、みんなの究極の学級づくりや授業づくりの手助けをする。
> 第29条　みんなだけでは行動できないときに、よきアドバイザーとして援助する。
> 第30条　学級の雰囲気を明るくするよう努める。
> 第31条　「○」（学級裁量の時間、現在は総合学習「クラスのテーマ」の時間）休み時間はできるだけ確保するようにする。
> 第32条　問題が起きたときは、最後まで話し合えるようにする。
> 第33条　みんながなまけているときには、遠慮なく文句を言う。

　教師をどこにどのように位置づけるかについて、子どもたちは苦労したようである。私は、第六章に登場したのが良いと思う。

　第28、29条は、秀雄の「先生が究極の学級づくりをすると君主的クラスになってしまうから、みんなが究極の学級づくりをする」や正人の「先生が究極の学級づくりをするのではなく、みんながして、それに先生がアドバイスする」という考えが込められている。第一章で述べた主権者意識と対応していると考えられる。

　第30条については麻紀の「うちのクラスは明るいだけがとりえだから、やっぱり明るくなくてはいけない」という意見が反映されている。

　なお、第33条は私が提案し、子どもたちも「しょうがないな」という感じで苦笑いをしつつ認めた。子どもたちと同時代を生きる先輩として、「それはおかしい」と生活のいろいろな場で言い続けてきた私の存在証明と言える条文である。

第七章　改正

> 第34条　この憲法の改正は、学級会で納得がいくまで話し合った後に行う。

この学級憲法は、卒業式の2日前に完成したため、実際に改正について話し合うことは一度もなかった。

4　学校で本当にすべきこと
前文

> 　私たち六年一組は、明るく、仲の良い、みんなが平等で信頼し合える、究極の学級づくりを目指しこの憲法を定める。
> 　この憲法のもとで、私たち一人一人はめあてと考えを持ち、遊びと勉強を両立させながら、自主的かつ協力的に、より善い学級づくりをしていくことを誓う。

　この前文は、みんなで「こんな学級がいい」という願いや理想を出し合い、まとめたものである。

　子どもたちがこのような願いや理想をもって生活して初めて、日々の生活が、そして一時間一時間の授業が子どもたちの生き方とかかわる問題としてとらえられるのではないか。

　それは成文化されていなくても、仲間と生活をつくっていくことの素晴らしさが実感できていればよい。その過程では、簡単に割り切れないことや面倒なこともあるだろう。この学級でも「公平な席替えの仕方はどうすればよいか」「友だちを決めつけた見方で見ていないか」といったことがみんなの問題になったり、女子の3人グループの人間関係をめぐって悩み、話し合ったりすることがあった。共に生活していく中からそうした切実な問題が生まれ、互いに分かり合うまで徹底的に話し合うという経験を通して、学級憲法の四大原則「何事も話し合いで解決」「みんな平等、差別なし」「主権はみんなに」「相手を信頼する」ことの大切さを学んだのだと思う。

　そうした経験を通して人間関係を深めていくことと、授業で物事を追究し合っていくことが一体となって進められることによって、子どもたちが互いを高め合い、自分を磨いていくことにつながるのではないか。

このことこそ、学級で、学校ですべきことだと思う。そのための教師の役割は、子どもたちの人間関係づくりや物事の追究にあたって、何が問題なのかを子どもたち自身が気づくようにし、解決のための内容と方法の見通しをもてるように、またその時間の保証と援助をすることである。

　教師が形式にこだわったり、ルールや罰則でしばりつけたりすると、自分や友だちの価値や人権を尊重する人間は育たないであろう。教師がどれだけ形式主義や管理主義から自由になっているかが問われるところである。この学級憲法づくりを通して再認識した「私たちにとって大切なこと」を、子どもたちがこれから生きていく際の根っこにしてほしい。一人一人によって重点のかけ方は違うであろうし、問い直されていくものも多いだろう。そこでその子どもが「本当に大切だ」と考えたことが、その子にとっての基礎・基本として生きて働くものになるのだと思う。

　そして、それが明日の市民社会を築いていく子どもたちの人間形成の一助になることを願ってやまない。

第9章

内なる国際化から自らのあり方を問う
6年生「外国の人が日本で生活する時に困ること」

　ここでは、年々増え続け地域住民として定住化が進んでいるにもかかわらず、私たちには存在が見えにくい在日外国人の方が抱えている問題を取り上げる。そして、外国人やそれを支える人との出会いを通して、子どもたちが自分や社会のあり方を問い直す学びについて述べる。

1　「内なる国際化」問題の教材化
（1）国際化にかかわる教育の動向

　佐藤郡衛の整理によると、日本の教育の国際化の議論は1970年代に始まる（佐藤郡衛『国際化と教育　日本の異文化間教育を考える』放送大学教育振興会、1999、pp.21-32）。その背景は、高度経済成長に伴う日本企業及び日本人の海外進出にある。1974年の中央教育審議会答申では、「国際社会に生きる日本人の育成」がめざされた。

　1987年の臨時教育審議会答申では、「国際化への対応」が教育改革の柱とされ、グローバルな視点から「日本人」を問い直すものになっている。そして、「日本人としての自覚」と「日本文化と伝統の尊重」が強調される。

　1980年代は、国レベルで「よき日本人」の育成をめざす一方で、一部の自治体では積極的に在日外国人の教育に対する施策を打ち出す。外国人を生活の場を共有する「住民」「市民」ととらえ、日本人住民と同様の権利を有する存在

として教育を保障する必要性が認識されるようになった。

　1990年代に入ると、異文化との共生が一層意識されるようになる。特に、在日外国人の子どもの教育の指針や手引きが多くの自治体で作成されるようになる。神奈川県では、多民族化、多文化化に対して民族共生教育を打ち出し、個人レベル、実践レベル、制度レベルで重層的に構想して、マイノリティに留まらずマジョリティの日本の子どもの教育にまで広げている。他の自治体でも、「内なる国際化」に対応するため、外国人の子どもの教育の手引きや指針などを制定するようになった。

　1996年中央教育審議会第1次答申では、異なった文化をもつ人々と共に生きていくこと、共生を国際理解教育の第一の柱とした。

　佐藤は、日本の教育の国際化推進は「同化主義」から「統合主義」、そして「共生」へと展開してきたとし、異文化との共生には、日本の教育システムそのものの変革が不可欠であるとしている。

（2）「内なる国際化」の問題の教材化

　日本に住む外国人の数は年々増え続け、法務省の資料によれば2001年には約178万人に達し、定住化も進んでいる。地域による偏りはあるとは言え、私たちの隣人として地域に住む人たちが増えているのである。各地の自治体では、公務員の国籍条項の撤廃や定住外国人の地方参政権を求める決議が続くなど、「定住と共生」の政策が広がりつつある。

　とは言え、在日の外国人の人々は、教育面や社会保障面、行政サービス面を始め、様々な生活上の問題に直面している。さらに問題なのは、そうした人々の問題が私たち日本人に認識され共有されていないことである。

　そこで、小学校6年生社会科の国際単元で、「内なる国際化」の問題を取り上げることにした。この問題を取り上げることで、序章で述べた公共圏の辺境に置かれた在日外国人の存在を顕在化し、その問題にかかわる公共圏におけるボランタリーな市民の活動を教材化することで、日本社会や自分たちのあり方を問い直すと共に、市民社会に参画・実践する筋道を発見することができると

考えたのである。

（3）この問題についての子どもの実態
　授業実践に入る前に、2つの点から子どもたちの実態を調査した。
①外国の人が日本で生活する時に困ること
　　1）　外国の人が日本に来て生活する時に困ること
　　2）　困った時にその人がすると思うこと
　　3）　困った時にその人がすればよいと思うこと
②ボランティア活動について
　　1）　「ボランティア活動」について知っていること
　　2）　身近な人でボランティア活動をしている人
　　3）　ボランティア活動についてどう思うか
　　4）　してみたいボランティア活動はあるか
　結果は、以下の通りである。

①外国の人が日本で生活する時に困ること
　　1）　外国の人が日本に来て生活する時に困ること
　　　　〇言葉の問題（話せない、読めないなど）36名
　　　　〇生活上の問題（買い物、お金、道、車、駅、かんばん、テレビ、物、時差、生活リズム、気候など）23名
　　　　〇生活習慣の問題（食べ物、箸、トイレ、住まい）18名
　　　　〇規則や法律の問題（道路の通行など）7名
　　　　〇その他の問題（知人の少なさ、宗教、仕事）4名
　言葉や日常生活、生活習慣が多いのは、子どもたちなりに生活場面を想像しながら困りそうなことを考えたのであろう。一方で、規則や法律にかかわるものを書いた子どもは少ない。
　　2）　困った時にその人がすると思うこと
　多かったのは、本人が何らかの努力をするというものである。その他に、「が

まんする」「〜しない」というものもあり、その人がどうするかについてリアルに想像するのが難しいようである。「帰る」というものもあるが、こうした人たちの存在が身近でない状況では、やむを得ないと思われる。

　３）　困った時にその人がすればよいと思うこと

　前の設問は、子どもがその人の事を想像して書くのに対して、この設問はそれについての子ども自身の判断を問うものである。

　ここでも、前の設問同様その人の努力を求めるものが多い。「慣れるしかない」「がまんする」の記述からは、「郷に入れば郷に従え」という考え方が見とれる。ここでも「帰る」という記述が複数見られた。

②ボランティア活動について
　１）「ボランティア活動」について知っていること
　　○ボランティア活動の意味について　14名

　子どもたちは「ボランティア活動」について無償性や自発性、利他性を強くイメージしている。「無料で人のために何かをしてあげる」というイメージである。

　　○活動の内容について　31名

　子どもたちのイメージは、ゴミ拾いや植樹などの環境美化活動、災害救助や募金などの活動、困っている人や助けを必要としている人の支援の、大きく分けて３つである。これらは、実際に身近なところで見聞きしたり、メディアを通じて知ったりしたものであろう。

　２）　身近な人でボランティア活動をしている人
　　○いる　　　　10名
　　○いない　　　28名

　予想していた以上に、身近な人でボランティア活動をしている人が少なかったが、実際にはこの程度かもしれない。用務主事さんの落ち葉拾いの仕事をボランティアととらえた子どももいた。後は、母親が３名、姉が１名、いとこの母が１名である。それ以外は誰かは知らないが見かけたことがあるということ

なので、子どもたちが知っている人で活動している人は少ないことが分かる。

では、ボランティア活動についてどう思っているのだろうか。

　　○よいと思う　　　25名
　　○やってみたい　　 5名
　　○えらいと思う　　 2名

その他に「思いやりがあると思う」「その人達が望んでいることなら正しいと思う」「人の役に立つこと。人を喜ばせること」「人の役に立つから、これから必要になるかも」「大変だなぁ」「たえられないかも」「お金が欲しくなる人もいるのでは」といったものがあった。

大多数の子どもが肯定的にとらえているが、自ら「やってみたい」と書いているのは5名に留まる。重荷に感じている子どももいる。また、有償でという子どももいる。

「よいと思う」理由を見てみる。「いろんな人がボランティアをすれば、どんどんきれいになると思う」「困っている人とかを助ける」「日本だけでなく、世界にも広めたらいいと思う」「未来のために役立つこと」など。

「やってみたい」理由は以下の通り。「人助けのようなものなので」「それで地球にプラスになることなら」「得はあるけど、そんはないから」など。

実体験がないため、大きくとらえた理由が多い。あたかも日本がボランティア活動の先進国であり、それを世界に広めていくのだというような考え方をしている子どももいて、身近な人でボランティア活動をしている人がほとんどいないこととのギャップがある。

2　単元化の意図と学習展開計画
（1）単元化の意図

単元化にあたっては、年々増え続け地域住民として定住化も進んでいるにもかかわらず、私たちには存在が見えにくい在日外国人の方が抱えている問題を取り上げる。そして、在日外国人との出会いを通して日本で生活するのにどん

なことで困ったかを知り、子どもたちが自分や社会のあり方を問い直す中で、そうした問題に取り組むNPOで活動している人と出会う。その人を通して在日外国人支援の活動の様子を知り、「どうなることがよいのか」「どうすることがよいのか」をさらに考える。

　ここで重視したいことは以下の5つである。

○日本で生活する外国人の方が感じている現実の問題を取り上げる。
○国と国との関係ではなく、人（相手）と人（自分）との関係を大切にする。
○在日外国人との出会いから生まれた問題の追究を中心に据える。
○問題を追究していく中で、社会や自分のあり方を問い直さざるを得なくなる。
○問題を追究していく中で、NPOで活動する人との出会いを通して市民社会への参加のルートを発見できる。

　なお、本実践で出会う人たちは、NPO多文化共生センター・東京21にかかわる方々である。スタッフの田中さんはそこで生活相談を担当している方で、クリシュナさんは相談者としてセンターを訪れた方である。
　多文化共生センターは、「国籍や言語、文化や性などの違いを認め、尊重し合う『多文化共生社会』を実現するため、様々なプロジェクトを展開している民間ボランティア団体」である。センターは兵庫、大阪、広島、京都、東京にある。その理念は「阪神淡路大震災における被災外国人支援活動の経験をもとに、1．国籍による差別のない基本的人権の実現、2．民族的・文化的少数者への力づけ、3．相互協力のできる土壌づくり」の3つである。活動内容は東京21の場合、多言語による生活相談プロジェクト、「外国籍児童・生徒の教育実態調査」を行っている調査プロジェクト、翻訳・通訳プロジェクト、日本語や学習の支援を行っている子どもプロジェクトである。生活相談は、パンフレットによれば「日常生活の暮らしの中で、困ったこと、知りたいことが起こったときにぜひお気軽にご相談下さい。国籍、人種、宗教、思想、信条を問いま

せん。例えば、次のような相談を受け付けています。医療……病気になったけど、どこの病院に行ったらいいかわからない。結婚……結婚・離婚を考えているけど色々問題があって困っている。教育……子どもの進学で悩んでいる。言葉の問題で学校の勉強についていけない」といった問題に対応している。そして、タガログ語（フィリピン）と中国語、英語、スペイン語、ウルドゥー語（パキスタン）によって無料で相談を行っている。

　まさに、在日外国人の方が日本で生活する時に困ることに寄り添った支援をしているのである。私も、このNPO多文化共生センター・東京21で調査や学習支援等に参加しながら教材化し、田中さんとクリシュナさんの授業への参加を依頼して単元の展開計画を作成した（下の学習展開計画は、実践後に修正・改善したもの）。

（2）学習展開計画

　単元の展開計画は以下の通りである。

単元名　「日本の中の国際化問題―外国の人が日本で生活するときに困ること」
　　　　（8時間扱い：時間数がすべて2時間ずつになっているのは、授業者である筆者が
　　　　　当該学級に社会科の教科担任として入っていたためである）

|「外国の人が日本で生活するときに困ること」は何だろう　（2時間）|

　　○「外国の人が日本で生活するときに困ること」
　　　「困ったときにその人がすると思うこと」
　　　「困ったときにその人がすればよいと思うこと」
　　　について書き、発表し合って、お互いの考えを交流する。
　　●「外国の人が日本で生活するときに困ること」
　　　・生活上のこと　　言葉がわからない、買い物をするときの表示やお金がわ
　　　　　　　　　　　　からない
　　　　　　　　　　　　看板や道がわからない、駅で乗る電車や行き先などがわ
　　　　　　　　　　　　からない
　　　・文化のこと　　　宗教上の習慣の違い
　　　・法律や制度のこと　道路の左側通行

- ●「困ったときにその人がすると思うこと」
    - ・自分で努力する、がまんする、〜しないようにする、帰る
- ●「困ったときにその人がするとよいと思うこと」
    - ・自分で努力する、慣れるしかない、帰る
- ○発表や交流を通して、自分の考えをもつ。
    - ・自分で努力すればいい（無関係）
    - ・けっこう大変だな（共感）
    - ・少しでも協力できれば（参画）
- ○「本当はどうなのだろう」という問いかけをもつ。
    - ・本当はどうなのか
    - ・外国人の人に聞いてみたい

<u>外国から来た人は、本当はどんなことで困ったのだろう　（2時間）</u>

- ○クリシュナさんを教室に迎え、「日本にきて困ったこと」を授業者との対話形式で聞く。
    - ・生活上のこと　部屋探し（保証人）、食べ物、道、交通、買い物、言葉、文字
    - ・文化のこと　　宗教上食べられないもの、言葉
    - ・仕事のこと　　見つからない、給料がもらえない
    - ・人間関係のこと　うまくいかない
    - ・法律や制度のこと　ビザのこと……ビザとは何か調べる
    　　　　　　　　　　　病院にかかる、教育、進学のこと、子育てのこと
- ○クリシュナさんのお話を前の時間に自分たちで予想したことと比べて、わからないことを質問する。
    - ・一番困ったことは
    - ・いやな思いをしたことは
    - ・習慣の違いは
- ○クリシュナさんが困ったことについて、どうすればよいか考える。
    - ・言葉の面では　表示を多言語にする
    - ・生活場面では　保証人は日本人ではなくてもよくする
    - ・日本人ができることは　日本人が英語やその国の言葉を話す
    - ・「今ぼくたちができることを」「これから私たちができることを」

<u>今ぼくたちができること、これから私たちができることは何だろう　（2時間）</u>

- ○自分たちが外国から来た人のためにできることを考え合う。
    - ・今できることは

　　　　困っていたら助ける、コミュニケーションを図る
　　・これからできることは
　　　英語や外国語を覚える
　　　道、交通、買い物について　表示を工夫する
　　　困っている人のための場をつくる
　○「交流や相談の場はないのだろうか」
| 外国から来て困っている人のための場はないだろうか　（2時間） |

　○前の時間に出た問題を追究するために、在日外国人の生活相談をしている田中さんを教室に迎えてお話を聞く。
　　・生活相談とは何をするのか
　○相談活動について田中さんに質問する。
　　・どんな人たちが相談に来るのか　言葉、部屋、仕事、教育など
　　・相談で多いのはどんなものか　部屋探し
　　・大変だったのはどんな相談か　部屋探し　外国人差別の問題
　　・難しかったのはどんな相談か　制度の問題、ビザなど
　　・やりがい　人との出会い
　　・きっかけ　タイやアジアで優しくしてもらったこと
　　・みんなにしてほしいこと　もっと関心をもつ
　○田中さんのお話と質疑応答を通して、考えたことを話し合う。
　　・困っていたら助ける　関心をもつ、助ける心、差別をしない
　　・コミュニケーションを図る　英語を学ぶ、様々な国の言葉で
　　・交流や相談の場を　ボランティアがもっと増えてほしい、センターを沢山
　　　　　　　　　　　の地域に教育でボランティア活動を盛んに、日本人が
　　　　　　　　　　　考え方を変える

3　多文化共生をめざす授業

（1）「外国の人が日本で生活するときに困ること」は何だろう

　1時間目に、「外国の人が日本で生活するときに困ること」「困ったときにその人がすると思うこと」「困ったときにその人がすればよいと思うこと」について書き、それを発表して話し合った。子どもたちは「どんなことで困るか」「どうすると思うか」「どうすればよいか」をつなげて発表する方法を選んだ。

主なものは以下の通りである。

> 「言葉が通じなくて困ると思う。自分で工夫してコミュニケーションをとると思う。どうすればよいかは、自分で言葉を覚えればいい」「法律が違うので困ると思う。警察につかまらないようにする。本で調べて法律に従えるようにすればいい」「宗教が違うので困ると思う。どうすればよいかで、同じ宗教を信じている人の多く住んでいる所に住めばいい」「宗教が違って困るなら、日本に来ないのでは。人それぞれで、いやだったら帰ると思う」

子どもたちは、彼らなりに想像力を働かせて考えている。だが、「どうすると思うか」「どうすればよいと思うか」では、ほとんどが自分の工夫や努力で解決すればよいというものである。また、それが無理なら帰れば良いというものもある。

授業の後、私から「みんなでいろいろ想像して話し合ったけれど、本当のところはどうなのか、次の時間には日本で生活している外国人の方に来ていただいてお話を聞きたいと思います」と言うと、子どもたちから「おーっ」という声が上がった。

本時の学習感想を見てみる。

「外国の人が日本に来たら、不便なことはいっぱいある。道路の事や、言葉がすごく難しいと思う。やっぱり日本をもっと勉強しなきゃいけないと思う」のように、外国人が努力するというものが多かった。

「今までと常識が変化すると、とてもこまると思う。こうなると、とてもがんばらなくては」のように、自分に置き換えて努力しなくてはならないというものもある。

「みんなで考えてみると、けっこう外国人ってたいへんだと思いました」のように、外国人の側に立ち、大変さを感じ取っている子どももいた。

「外国っていうのは自分と何もかも違う場所だから、異国の人が来た時はあ

たたかくむかえればいいと思う」「外国人が来た時に困らないように、日本人全員とは言わないけれど、公衆の場で働いている人は英語を使っていた方が良いと思います」「だから少しでも協力してやればいいと思う」という外国人に共感しながら、自分たちがどうするか考えたものもあった。

「私は今日の授業をやって、ふだん考えないような事を皆で話し合えたのが良かったです」という記述から、この内なる国際化の問題が「ふだん考えないような事」であり、それが意識化されたことがわかる。

（2）外国から来た人は、本当はどんなことで困ったのだろう

クリシュナさんという、日本に来て8年になるネパールの方をお迎えしてお話を伺った。子どもたちが沢山質問したいというので、質疑応答による対話形式で授業を進めた（Q：子どもの質問　A：クリシュナさんの答え　T：教師　C：子ども）。以下はやりとりの抜粋。

Q　最初日本に来た時に、場所とか道路とか迷わなかったですか。
A　仕事が終わって家に帰る時に道が分からなくなって、日本人に聞こうとすると、英語がしゃべれないでしょ。外国人だから英語をしゃべると思って逃げるみたいな感じだった。今はもうないけど。
Q　一番困ったことは何ですか。
A　部屋探し。見つかっても保証人とかお金とか。
T　貸してくれるところは見つかりましたか。
A　見つかっても自分にお金がない。
Q　日本に来たきっかけは。
A　最初はどこか決まってないけど、インド料理のコック長だった。いろんな国の募集に出したら一番早いのが日本だったから来た。
　（略）
Q　宗教は。
A　自分はヒンドゥー教。ヒンドゥーと仏教が多い。

Q　宗教の違いで何か困ったことは。
A　食べ物はヒンドゥー教の場合、牛肉食べないからそれがちょっと困ったことあります。
　（略）
Q　不便なのは。
A　買い物の時。ものの名前が読めないので店の人に聞いて買います。ベジタリアンだから、スープの出汁に牛を使っていると食べられない。
　（略）

　質疑応答をまとめていく中で、いくつかの点が補足された。部屋探しでは、保証人は日本人でないとだめということがあり、「こういうことでホームシックになる」とのことだった。来日時はこの問題が一番大きかったそうである。
　仕事の問題では、インド料理のコックのビザで来ているので、他の仕事はできないという問題が補足された。3年間のビザの切り替え時に、その仕事に就いていなければならない。永住権をとらないと日本料理のコックにはなれない。オーバーステイにならないように気をつけなければならないとのことであった。
　次に、クリシュナさんが困ったことについて、こうすればよいという考えがあるかを子どもたちに聞いた。

C　保証人は、在日の人ならよくすれば。
A　保証人は大家が決める。だいたい日本人。
C　保証人は日本人じゃなくてもよくする。
C　今ぼくたちができることを考える。法律を変えるのは大変だけど、英語を話すのはできる。
T　みんなが英語を話すようになったら、クリシュナさんは暮らしやすくなりますか。
A　いいと思う。日本語を覚えて、英語も慣れる。英語は世界中どこでも使え

る。

　クリシュナさんのお話にあった部屋探しや仕事のこと、ビザのことは、前時の子どもたちの考えにはなかったものだったので、子どもたちは真剣に聞いていた。また、文字の表示については、宗教的に食べられないものを確かめるために必要だと聞き、切実感が伝わったようである。また、子どもたちにとっては、聞こうとすると逃げていく人の話や、外国人に部屋を貸さない大家などは、日本人の外国人に対する態度として問題であるととらえたようである。
　学習感想を見ると、当事者のクリシュナさんからお話を伺ったことで、外国人に共感したものが多かった。「今日の授業でやっぱり外国から日本へ来る人は、言葉など色々な事でこまるという事がわかった」といったものである。また、「……とくに食べられるものと食べられないものは大変だと思いました」と、より具体的に考えている。
　さらに、「日本に来て、インド料理のコックというビザをゲットして、がんばっていることはすごいと思います」「生活めんでもいろいろ大変なんだな、と思いました。それでもガンバッテいるのはすごいと思いました」と、クリシュナさんを困難に出会いながらも頑張っているととらえている。
　前時から大きく変容が見られたのは、「外国人の努力だけでなく、日本人が努力していかないといけない。前回の学習感想で書いてあることは、少しヒドイ内容もあった」と自分たちも努力しなければというものが増えたことである。「自分が思っていたよりも外国人の人は困ることがまだいっぱいあることにびっくりしました。このこまったコトを少しでも協力できたらなぁと思いました」のように、自分たちの協力や私たちのできることをといった記述も見られるようになった。
　「前回、私達が話した事は結構ちがっていました」「上に書いた事（3つ　部屋探し、生もの、牛肉を食べる）は、今まで考えた事もありませんでした」といった感想からわかるように、自分たちの認識を問い直す上で、当事者であるクリシュナさんからお話を伺ったことは、子どもたちにとって意味のあることで

あった。

　また、「私は今日の授業をやって、日本人でいながらクリシュナさんに日本の事を色々教えてもらったような気がしました」という感想からは、日本人としての自分や日本の社会を相対化する視点が多文化共生には必要であることがわかる。

（3）今ぼくたちができること、これから私たちができることは何だろう

　前時に子どもから出された「今ぼくたちができること」と学習感想にあった「私たちがこれからできること」を取り上げて話し合うことにした。

　「今ぼくたちができること」については、以下のようなものが出された（抜粋）。

　「同じ人として考えればいいと思う」「日本の習慣を説明できるようにしたい」「聞かれた時に答えられるようにしたい」「困っていたら助ける」などが出された。

　「私たちがこれからできること」を整理すると、以下の通りであった。

- ・同じ人として、差別しないで接する　・日本の習慣や文化を説明
- ・英語や外国語を覚える　・困っていたら助ける
- ・英語や外国語を覚えて対応　・翻訳機の開発　・表示を工夫
- ・コミュニケーションを図る　・交流や相談の場を

　クリシュナさんの直接体験をもとにしたお話を伺って、今できる事は何かを考える中から生まれたものが見受けられる。話し合いの最後で、「交流できる環境」や「困っている時の相談所」のことが出されたので、次の時間はそういう場があるのかどうか考えてみようと投げかけた。

　学習感想では、次のように自分に引き寄せて考えるものが多く見られた。

　「考えてみればこれからやっていけることは色々あるんだな。私にできる事からやってみたいです」

　また、「日本人が外国人を差別するというのは、色々な面を考えてなくしていって、外国人のいやすい日本にしたいと思いました」や「いろいろ問題があ

りますが、かいけつの第一歩はあいてのことを思い、考え、どうしたらいいか提案することが必要だと思います」のように、相手の立場に立って考えようとする子どもも出てきた。

さらに、受け入れる側の協力や支援、環境づくりについてふれているものもあった。

（4）外国から来て困っている人のための場はないだろうか

前時の子どもたちの考えを受けて、NPO多文化共生センター・東京21で外国人の生活相談を担当している田中さんに来ていただき、お話を伺うことにした。

まず、田中さんからどんな活動をしているかお話していただいた。概要は以下の通り。

> 「いろいろな国の人が困った時に、電話や来てもらったりして、漢字が読めなければ一緒に読んで説明したり、クリシュナさんのように部屋が見つからないと言ったら、一緒に不動産屋さんに行ったりしている。その他に、日本語を教えてくれる人とか、外国人に情報提供をしている。また、通訳したりいろいろな国の言葉に翻訳したりしている。いろいろな事を調べて情報提供もしている。子どもプロジェクトは、外国から来た子どもたちが日本語を勉強したり、中国から来た子どもに中国語で数学を教えたりしている。言葉の問題だけでなく心の問題、外国人だからと差別する心の問題もある」

このお話を受けて、子どもたちとの質疑応答に入った。以下は抜粋である。

Q　相談で一番多いのは。
A　部屋探し、日本語が勉強したい、高校に入りたいというのが多い。
Q　今までで一番大変だった相談は。

A 部屋探し。2か月ぐらいかかったことがある。何件も何件も不動産屋さんや大家さんに断られた。

Q どういう理由で断られるのか。

A 外国人だからほとんどがだめ。外国人はゴミの出し方が分からないとか。日本語が話せないと、コミュニケーションがとれないから何かあった時に困る。保証人もしっかりしていて、きちんと稼いでいないと。言葉が分からなくても、何かあったらセンターに電話してくれたら解決しますと言っている。今でもその大家さんとは電話でよく話す。

（略）

Q やりがいは。

A いろいろな国の人と出会える。それにいろいろな不動産屋さんに冷たくされて、最後に行った不動産屋さんが優しいと、そういう日本の人に出会えるのも刺激になる。ボランティアにもいろいろな考えの人がいて出会うのが楽しい。

Q この活動をしようと思ったきっかけは。

A 私もアメリカとタイに行ったことがあって、いろいろ困った事があっても誰に相談したらいいか分からなかった。でも、タイの人は優しくて、周りの人に聞くといろんな人が助けてくれた。日本はどうかなと思うと、困っている人を助けることがまだできていないから、こういうセンターでできたらと思った。

T 相談をしていて難しさを感じるところとか、こういうところは変えていきたいということは。

A 制度の問題がある。いくら相談で頑張っても解決しない。例えばビザの問題で、クリシュナさんが他の仕事に就きたいという相談が来ても、私たちではどうすることもできない。高校に入りたい子どもがいても、まだ日本語が分からない状態では入れるところがない。入りやすいところは紹介できても、問題の根本を解決できないとどうしようもない。

Q 多文化共生センターのようなところは、ほとんどボランティア団体なの

か。
A　NPOといって、ボランティアの人と給料をもらっている職員がいる。利益のための会社ではない。本当はスタッフがボランティアの間を取り持つが、ボランティアも多くなくて、相談活動にも興味をもってくれないので私がやっている。後は、キリスト教とか仏教の関係でやっている団体もある。役所に相談の窓口があるところも。
Q　今、一番日本のみんなにしてほしいことは。
A　みんなが、もっと外国の人に興味をもったら何か変わる。みんながボランティアをするのは無理でも、何か困った時にみんなが「どうしたの」と聞ける社会になったら、もっと外国の人も住みやすいと思う。それは日本人にとっても、住みやすいと思う。

　この後、私から「田中さんのお話を伺って、『ここが問題』とか『ここが大事』とか『こうしていきたい』ということがありますか」と問いかけた。各自、自分の考えをノートに書いてから相互指名で話し合った。

　「助ける人も大切な役割だと思う」
　「助けられる人は頼りにできる」
　「人数が少ないし、大変だと思う」
　「外国の人を助けるという気持ちが大切」
　「もう少し日本の人も協力して団体の数を増やしたら、田中さんが仰ったように外国の人も住みやすいし、日本の人もいろんな国を知ることができるからいい」
　「田中さんも仰ったように、もっと興味をもって少しでも力になれることができたらいい」
　「田中さんがタイやアジアの人は優しいと言っていたが、日本もタイやアジアの人のようにもっと親切にしたい」
　　（略）

最後に、私から「ボランティアの人数が少ないのが実態。どうして少ないのだろう」と投げかけて学習感想を書いてもらった。

　上の話し合いでもそうだったが、学習感想にも次のように田中さんのお話を受けとめたものが見られる。「今はとにかく外国人に興味をもって困ったことに対応し、教えられるようにしなければと思う」「今日の授業で『人を助ける』という気持ちをもつことが大切だということが分かった」

　また、不動産屋の話がショックだった子どももいて、「ボランティアじゃなくても、差別をしないなど身近なことからしていきたいです」と書いている。

　「こういうボランティアの人がふえてほしいと思う。親切な心をもたなくてはいけない」のように、ボランティアのことを書いている子どもも多い。また、多文化共生センターのようなボランティア団体について、「このような多文化共生センターが沢山の地域にできて、たくさんの外国人のなやみを解消できるといいと思いました」といった記述もある。

　もう一歩考えて、社会をよりよくするために「どうなることがよいのか」見つめ直している子どもたちもいる。「一人一人の力があればできることだと思った。一人一人が集まればいいのに。集まらないからなかなかできない。そういう人たちの考え方からかえた方がいいと思った」

　ここで出された主な視点は、「この問題への関心の薄さ」「外国人への差別をなくす」「外国人の立場に立った接し方」「ボランティアを増やすには」「日本人が考え方を変える」といったことであった。子どもたちは、内なる国際化という問題を認識し、日本にいる外国人やそれをサポートするボランティア団体の人の立場から自らのあり方を問い直したのである。

（5）〈発展〉学芸大学にきている留学生と交流しよう

　この学級では、中国（香港）、ドイツ、アメリカからの留学生3名を迎えて、3つのグループに分かれた子どもたちが、それぞれ計画した交流プログラムを実施した。交流後、学習感想を書いてもらった。これまでの社会科学習とつながるものを紹介する。

「私はBさんのグループでした。Bさんは中国人でしたが、中国人の人は漢字が読めるので言葉がわからなくても字で書いてくれたのでわかりやすかったです。でも、Bさんは漢字だけでなく、英語がとっても上手でした。ドイツ人のCさんなどとペラペラしゃべっていました。やっぱり英語はとても大切だということが分かりました。言葉がわからなくても書いたり、手で表したりと色々できると思います。今日は、それをやってみて『自分が聞こうとすれば通じるんだな～』と思いました。これからの社会の授業とつながりがありそうです。今日は、中国のことを色々と知ることができました」

この子どもは、コミュニケーションについて「自分が聞こうとすれば通じる」ことを発見している。

「ドイツからの留学生のCさん、今までは質問したりしただけだったが、今回は5時間ほど生活した。言葉は少ししかわからなかった。少しでも話せればあとは心で話が通じた。思ったより語学には苦しまなかった。前々回の時に出た『国はちがっても同じ人として接する』ということはふつうにできたし、それより自然な形で話せた。もっと実習生みたいにながい期間いてほしかった（また来てほしい）。とてもいい経験をしたし、思い出になった。やはり日本とドイツでは違いがあるが、違いがあるからこそ話すこともあるし、カバーしあえたと思う。ドイツだけでなく他の国の方たちとも交流してそれぞれの国のことを知りたい」

この子どもは、社会科の授業で話し合った「国はちがっても同じ人として接する」ことを意識して実践している。「違いがあるからこそ話すこともあるし、カバーしあえた」というのは、この子どもなりの異文化理解であろう。単なる留学生とのふれあい体験でなく、社会科での問題解決において、内なる国際化問題の当事者であるクリシュナさんや田中さんとかかわりながら追究し、自ら

考え、みんなで話し合った経験が生きている。それは、これまでの学習を振り返って書いたまとめの学習感想からも見とることができる。

> 「外国人が困っていることも、あまりくわしくは知らなかったし、正直かんしんなんてもっていなかった。けど、クリシュナさんの話を聞いて、見て見ぬふりはできないと感じた。他にも、田中さんのような人達も同じ位苦労していると罪悪感すらある。留学生たちと会ってみると、とても優しい人達だった。外国人は心がつめたいとかいうへんけんはやめてほしい。逆に自分も、田中さんのように役に立ちたいと考えを改めた」

　この子どもは、自己の変容をしっかり自覚している。在日外国人が困っていることを知らなかったし、関心もなかったと認めている。だが、クリシュナさんの話を聞いて、「見て見ぬふりはできない」と感じた。この当事者意識をもてる学びの場を大切にしたい。また、「自分も、田中さんのように役に立ちたいと考えを改めた」と自己の変容とともに、この問題への参画の意欲を表している。

　子どもたちの発言やノートから、在日外国人やそれを支えるNPOの人など、これまで社会科で取り上げられてこなかった「公共圏の辺境に置かれた人々」や「市民によるボランタリーな活動」に取り組む人々が授業において「出現する」ことが、共生に向けて自らのあり方を問う上で必要であることがとらえられた。

おわりに

　教育における"不易と流行"ということが言われる。学習指導要領の改訂のたびに、キーワードが話題になる。だが、"流行"するキーワードによって、必ず"不易"の部分、教育観や学校観、学習観を背景にもつことを再確認させてくれる。

　例えば、「アクティブ・ラーニング」が「主体的・対話的で深い学び」の実現への授業改善の視点であると示されている（中央教育審議会教育課程部会「次期学習指導要領等に向けたこれまでの審議のまとめ」2016.8.26）。これは、私が東京学芸大学附属世田谷小学校で「相互啓発的学習観」の育成をめざして、相互作用の活性化を図る「よい授業の追究」に取り組んできたことと重なる部分が多い。

　また、「社会に開かれた教育課程」により「よりよい学校教育を通じてよりよい社会を創る」ということも示されている。これは、社会科の教科目標である「公民的資質」の育成に向けて、「個の充実と仲間との協働」（低学年）「地域にひらかれた実践的な問題解決」（中学年）「社会にひらかれた主体的な追究」（高学年）という学びの経験を通して社会のありようを問い直していくこととつながる。

　さらに、「審議のまとめ」では、「子供たちは、こうした学校も含めた社会の中で、生まれ育った環境に関わらず、また、障害の有無に関わらず、様々な人と関わりながら学び、その学びを通じて、自分の存在が認められることや、自分の活動によって何かを変えたり、社会をよりよくしたりできることなどの実感を持つことができる」としている。

　これは、まさに私がずっと取り組んできた、一人一人の子どもの持ち味が仲間の中で十分に発揮され、よさとして共感されることで、その子どもの自信や

自己肯定感を育むとともに仲間にとっても学びとなり、地域や社会の問題解決につながる授業であり、そうした学びの経験ができる場としての学校、「出現の空間」としての学校である。

　こう考えると、"流行"にはその時々の社会的な関心が反映されているが、その根本にある「教育とは」「授業とは」「学びとは」といった"不易"を追究し続けることが大切であると改めて感じる。そのような校内研究を19年間にわたって経験させていただいた、東京学芸大学附属世田谷小学校の研究同人に改めて感謝したい。

　こうして積み重ねた実践をつないだ時に、浮かび上がったテーマが「共生への学び」であった。このテーマは、現在私が取り組んでいる「持続可能な社会づくり」にも、上記の「審議のまとめ」で示された「資質・能力の要素」の3つの柱のひとつである「どのように社会・世界と関わり、よりよい人生を送るか（学びを人生や社会に生かそうとする「学びに向かう力・人間性等」の涵養）」にもつながっている。

　本書が、志を同じくする方々に少しでも参考になれば幸いである。
　　　　2016年8月

　　　　　　　　　　　　　　　　　　　　　　　内　山　　　隆

著者紹介

内山　隆（うちやま・たかし）

1958年	東京都に生まれる
1981年	東京学芸大学卒業
2003年	東京学芸大学大学院教育学研究科修了
	東京都公立小学校、東京学芸大学附属世田谷小学校、
	札幌国際大学短期大学部を経て、
現　在	北海道教育大学釧路校准教授
業　績	『子どもの側に立つ社会授業の創造』（共著）東洋館出版社、1998年
	『子どもとともにつくる総合的な学び～願いがひろがる～低学年の体験活動』（共著）東洋館出版社、2000年
	『教育課程総論』（共著）大学図書出版、2006年
	『小学校社会科教師の専門性育成』（共著）教育出版、2010年
	『小学社会』（共著）教育出版、2014年
	『社会科教育』（共著）一藝社、2015年　等

共生への学び

2016年12月1日　初版第1刷発行

著　者　内　山　　　隆
発行者　木　村　哲　也

・定価はカバーに表示　　　印刷　新灯印刷／製本　新里製本

発行所　株式会社　北樹出版

〒153-0061　東京都目黒区中目黒1-2-6
URL：http://www.hokuju.jp
電話(03)3715-1525（代表）　FAX(03)5720-1488

Ⓒ Takashi Uchiyama 2016, Printed in Japan
ISBN 978-4-7793-0516-0
（落丁・乱丁の場合はお取り替えします）